国家职业技能等级认定培训教材
高 技 能 人 才 培 养 用 书
新形态职业技能鉴定指导教材

汽车维修工试题库

——汽车维修检验工、汽车机械维修工、汽车电器维修工

（初级）

国家职业技能等级认定培训教材编审委员会　**组编**
　　　　　　祖国海　潘艳华　编

本书是依据《国家职业技能标准 汽车维修工》的相关知识和技能要求，针对参加职业技能等级认定考试者进行考前准备而编写的。本书内容既包含考核重点和试卷结构、理论知识和操作技能要点，又附有基本要求试题、理论知识试题、操作技能试题以及模拟试卷，能帮助考试者在短时间内突破考试难点、重点，更好地把握考题意图。本书配套多媒体资源，可通过封底"天工讲堂"刮刮卡获取。

本书可作为汽车维修工参加职业技能等级认定的考前复习用书，也可作为职业技能鉴定培训机构的考前培训用书。

图书在版编目（CIP）数据

汽车维修工试题库：汽车维修检验工、汽车机械维修工、汽车电器维修工：初级/祖国海，潘艳华编.—北京：机械工业出版社，2020.4（2025.1重印）

新形态职业技能鉴定指导教材　高技能人才培养用书
ISBN 978-7-111-65247-2

Ⅰ．①汽… Ⅱ．①祖…②潘… Ⅲ．①汽车–车辆修理–职业技能–鉴定–习题集　Ⅳ．① U472.4-44

中国版本图书馆 CIP 数据核字（2020）第 054370 号

机械工业出版社（北京市百万庄大街 22 号　邮政编码100037）
策划编辑：陈玉芝　责任编辑：陈玉芝　张雁茹　王华庆
责任校对：张　征　责任印制：常天培
固安县铭成印刷有限公司印刷
2025 年 1 月第 1 版第 2 次印刷
184mm×260mm · 11.75 印张 · 232 千字
标准书号：ISBN 978-7-111-65247-2
定价：55.00 元

电话服务　　　　　　　　网络服务
客服电话：010-88361066　机　工　官　网：www.cmpbook.com
　　　　　010-88379833　机　工　官　博：weibo.com/cmp1952
　　　　　010-68326294　金　书　网：www.golden-book.com
封底无防伪标均为盗版　机工教育服务网：www.cmpedu.com

国家职业技能等级认定培训教材

 编审委员会

主　任　李　奇　荣庆华
副主任　姚春生　林　松　苗长建　尹子文
　　　　周培植　贾恒旦　孟祥忍　王　森
　　　　汪　俊　费维东　邵泽东　王琪冰
　　　　李双琦　林　飞　林战国

委　员（按姓氏笔画排序）
　　　　于传功　王　新　王兆晶　王宏鑫
　　　　王荣兰　卞良勇　邓海平　卢志林
　　　　朱在勤　刘　涛　纪　玮　李祥睿
　　　　李援瑛　吴　雷　宋传平　张婷婷
　　　　陈玉芝　陈志炎　陈洪华　季　飞
　　　　周　润　周爱东　胡家富　施红星
　　　　祖国海　费伯平　徐　彬　徐丕兵
　　　　唐建华　阎　伟　董　魁　臧联防
　　　　薛党辰　鞠　刚

序

Preface

新中国成立以来，技术工人队伍建设一直得到了党和政府的高度重视。20世纪五六十年代，我们借鉴苏联经验建立了技能人才的"八级工"制，培养了一大批身怀绝技的"大师"与"大工匠"。"八级工"不仅待遇高，而且深受社会尊重，成为那个时代的骄傲，吸引与带动了一批批青年技能人才锲而不舍地钻研技术、攀登高峰。

进入新时期，高技能人才发展上升为兴企强国的国家战略。从2003年全国第一次人才工作会议，明确提出高技能人才是国家人才队伍的重要组成部分，到2010年颁布实施《国家中长期人才发展规划纲要（2010—2020年）》，加快高技能人才队伍建设与发展成为举国的意志与战略之一。

习近平总书记强调，劳动者素质对一个国家、一个民族发展至关重要。技术工人队伍是支撑中国制造、中国创造的重要基础，对推动经济高质量发展具有重要作用。党的十八大以来，党中央、国务院健全技能人才培养、使用、评价、激励制度，大力发展技工教育，大规模开展职业技能培训，加快培养大批高素质劳动者和技术技能人才，使更多社会需要的技能人才、大国工匠不断涌现，推动形成了广大劳动者学习技能、报效国家的浓厚氛围。

2019年国务院办公厅印发了《职业技能提升行动方案（2019—2021年）》，目标任务是2019年至2021年，持续开展职业技能提升行动，提高培训针对性实效性，全面提升劳动者职业技能水平和就业创业能力。三年共开展各类补贴性职业技能培训5000万人次以上，其中2019年培训1500万人次以上；经过努力，到2021年底技能劳动者占就业人员总量的比例达到25%以上，高技能人才占技能劳动者的比例达到30%以上。

目前，我国技术工人（技能劳动者）已超过2亿人，其中高技能人才超过5000万人，在全面建成小康社会、新兴战略产业不断发展的今天，建设高技能人才队伍的任务十分重要。

序

机械工业出版社一直致力于技能人才培训用书的出版,先后出版了一系列具有行业影响力,深受企业、读者欢迎的教材。欣闻配合新的《国家职业技能标准》又编写了"国家职业技能等级认定培训教材"。这套教材由全国各地技能培训和考评专家编写,具有权威性和代表性;将理论与技能有机结合,并紧紧围绕《国家职业技能标准》的知识要求和技能要求编写,实用性、针对性强,既有必备的理论知识和技能知识,又有考核鉴定的理论和技能题库及答案;而且这套教材根据需要为部分教材配备了二维码,扫描书中的二维码便可观看相应资源;这套教材还配合天工讲堂开设了在线课程、在线题库,配套齐全,编排科学,便于培训和检测。

这套教材的出版非常及时,为培养技能型人才做了一件大好事,我相信这套教材一定会为我国培养更多更好的高素质技术技能型人才做出贡献!

中华全国总工会副主席
高凤林

前言

Foreword

随着我国职业资格证书制度的不断完善和发展，职业技能等级认定制度已成为我国技能人才评价方式。为了帮助考证人员顺利取得职业技能等级证书，推动职业技能等级认定制度的深入实施，加快技能人才培养，我们根据多年的实践经验，组织相关专家、教授、技师和高级考评员共同编写了这套汽车维修工试题库。

试题库的建立，对保证职业技能等级认定工作的质量，加快培养一大批数量充足、结构合理、素质优良的技能型人才将起到重要的作用。

本套书以现行《国家职业技能标准 汽车维修工》为依据，以客观反映现阶段本职业的水平和对从业人员的要求为目标，使参加职业技能等级认定的广大考生对考试内容和考试方式有一个全面的了解，以更好地复习备考，顺利通过考试。

本书与职业技能等级认定培训教材相配套。在本书的编写过程中，贯彻了"围绕考点、服务考试"的原则，内容涵盖了国家职业技能标准对该工种的理论知识和操作技能方面的要求；为突出考前辅导的特色，以职业技能等级认定试题作为编写重点，紧紧围绕考核内容，充分体现系统性和实用性。

本书在编写过程中得到了国家职业技能等级认定培训教材编审委员会、中国汽车维修行业协会、呼和浩特万通汽车学校、德能（北京）汽车服务有限公司、广东瀚文书业有限公司、山东瀚德圣文化发展有限公司等组织和单位的大力支持与协助，在此一并表示衷心的感谢！

由于编写水平与时间的限制，书中难免存在不妥之处，敬请读者批评指正。

编 者

目 录
Contents

序
前言

第一部分　考核重点和试卷结构

一、考核重点 ·· 1
二、试卷结构 ·· 4

第二部分　基本要求考核指导

模块一　职业道德 ·· 5
　一、练习题 ·· 5
　二、参考答案 ··· 7
模块二　基础知识 ·· 8
　一、练习题 ·· 8
　二、参考答案 ··· 18

第三部分　理论知识考核指导

模块一　汽车维护 ·· 20
　一、考核范围 ··· 20
　二、考核要点详解 ··· 20
　三、练习题 ··· 36
　四、参考答案及解析 ·· 41

目录

Contents

模块二　发动机检修 ·· 48
　一、考核范围 ··· 48
　二、考核要点详解 ··· 48
　三、练习题 ·· 56
　四、参考答案及解析 ··· 61

模块三　底盘检修 ·· 70
　一、考核范围 ··· 70
　二、考核要点详解 ··· 70
　三、练习题 ·· 76
　四、参考答案及解析 ··· 85

模块四　汽车电器检修 ·· 98
　一、考核范围 ··· 98
　二、考核要点详解 ··· 98
　三、练习题 ·· 101
　四、参考答案及解析 ··· 105

第四部分　操作技能考核指导

实训模块一　汽车维护 ·· 110
　技能训练一　清洁、更换空气滤清器 ······························ 110
　技能训练二　机油及其滤清器的检查与更换 ···················· 112
　技能训练三　发动机冷却液的补充及更换 ······················· 116
　技能训练四　检查轮胎气压 ·· 118
　技能训练五　轮胎纹深的检查 ······································· 119
　技能训练六　变速器润滑油的检查与更换 ······················· 120

目录 Contents

  技能训练七 制动液的更换 …………………………………… 122
  技能训练八 蓄电池的维护 …………………………………… 124
 实训模块二 发动机检修 ……………………………………………… 126
  技能训练一 曲轴轴向间隙的检查 …………………………… 126
  技能训练二 气缸盖的拆装 …………………………………… 128
  技能训练三 发电机传动带的检查与调整 …………………… 131
 实训模块三 底盘检修 ………………………………………………… 132
  技能训练一 车轮拆装及换位 ………………………………… 132
  技能训练二 拆卸和安装轮胎 ………………………………… 135
  技能训练三 拆装盘式制动器 ………………………………… 137
  技能训练四 拆装鼓式制动器 ………………………………… 139
 实训模块四 汽车电器检修 …………………………………………… 143
  技能训练一 更换蓄电池 ……………………………………… 143
  技能训练二 火花塞的检查与清洁 …………………………… 145
  技能训练三 点火提前角的检测与调整 ……………………… 149
  技能训练四 更换照明灯具 …………………………………… 151
  技能训练五 更换熔丝 ………………………………………… 152
  技能训练六 更换空调滤芯 …………………………………… 154

第五部分 模拟试卷样例

理论知识试卷 ……………………………………………………………… 157
 初级汽车维修工理论知识试卷 ………………………………………… 157
 初级汽车维修工理论知识试卷参考答案 ……………………………… 172

目录 Contents

操作技能试卷 …………………………………………………………… 173
    初级汽车维修工操作技能考核准备通知单 …………………………… 173
    初级汽车维修工操作技能考核试卷 …………………………………… 174
    初级汽车维修工操作技能考核评分记录表（1）……………………… 175
    初级汽车维修工操作技能考核评分记录表（2）……………………… 176

第一部分 考核重点和试卷结构

Chapter 1

一、考核重点

考核重点是最近几年国家题库抽题组卷的基本范围,它反映了当前本职业(工种)对从业人员知识和技能要求的主要内容。

鉴定考核重点采用"鉴定要素细目表"的格式,以行为领域、鉴定范围和鉴定点的形式加以组织,列出了本等级下应考核的内容。考核重点分为理论知识和操作技能两个部分。其中,理论知识部分的主要内容是以知识点表示的鉴定点,操作技能部分的主要内容是以考核项目表示的鉴定点。

鉴定考核重点表中,每个鉴定点都有其重要程度指标,即表内鉴定点后的核心要素(X)、一般要素(Y)和辅助要素(Z)。重要程度反映了该鉴定点在本职业(工种)中的相对重要性水平。其中核心要素是考核中出现频率最高的内容,一般要素是考核中出现频率一般的内容,辅助要素是考核中出现频率较低的内容。

鉴定考核重点表中,每个鉴定范围都有其比重指标,它表示在一份试卷中该鉴定范围所占的分数比例。例如,某一鉴定范围的鉴定比重为10,就表示在从题库抽题组成100分为满分的试卷时,将使属于此鉴定范围的试题所占的分值尽可能等于10分。

理论知识鉴定考核重点见表1-1,操作技能鉴定考核重点见表1-2。

表1-1 理论知识鉴定考核重点表

	鉴定点及分配		重要程度
基本要求 (30分)	职业道德(5分)		
	基础知识(25分)		
汽车维护 (20分)	发动机 维护	发动机一级维护项目、作业内容和技术要求	X
		发动机机油的分类、选用、更换和安全注意事项	X
		发动机冷却液的分类、选用、更换和安全注意事项	X
		发动机机油、冷却液泄漏的检查方法	X
		冷却液冰点的检查方法	Y
		空气滤清器的清洁、更换方法	X
		废弃物的收集、储存方法	Z

（续）

鉴定点及分配			重要程度
汽车维护（20分）	底盘维护	底盘一级维护项目、作业内容和技术要求	X
		底盘紧固作业安全注意事项	X
		车轮组成、结构和轮胎检查方法	X
		润滑油（脂）选用与加注方法	Y
	电器维护	灯光、仪表、信号系统功能检查方法	X
		喇叭、刮水器、中控门锁、电动后视镜、电动座椅等辅助电气系统功能的检查方法	Y
		空调系统功能的检查方法	X
		蓄电池外观及极桩连接、清洁状况的检查方法	X
发动机检修（20分）	发动机总成拆装	发动机总成的拆卸	X
		发动机总成的安装	X
		发动机零部件清洗的方法和注意事项	X
	发动机附件拆装	发动机附件	Y
		发动机附件拆装安全注意事项	Y
		发动机附件拆装规范操作事项	Y
底盘检修（15分）	行驶系统拆装	车轮拆装及换位技术要求	X
		减振器分类、组成和工作原理	X
		减振器总成更换技术要求	X
	转向系统拆装	转向拉杆和球头拆装技术要求	Y
		横向稳定杆拆装技术要求	Y
	制动系统拆装	盘式制动器拆装技术要求	X
		鼓式制动器拆装技术要求	X
		制动轮缸更换技术要求	Y
汽车电器检修（15分）	蓄电池、照明、信号装置拆装	蓄电池更换技术要求	X
		照明指示灯泡更换技术要求	Y
		熔丝更换技术要求	Y
	其他辅助电器系统拆装	刮水臂、刮水片更换技术要求	Z
		喇叭更换技术要求	X
	空调系统拆装	冷凝器清洁方法和技术要求	Y
		空调滤清器更换方法和技术要求	Y

第一部分 考核重点和试卷结构

表 1-2 操作技能鉴定考核重点表

鉴定点及分配		重要程度
汽车维护（30分）	清洁、更换空气滤清器	X
	机油（滤清器）的检查与更换	X
	发动机冷却液的补充及更换	X
	检查轮胎气压	X
	轮胎纹深的检查	X
	变速器润滑油的检查与更换	Y
	制动液的更换	Y
	空调制冷剂的加注	Z
	蓄电池的维护	Y
发动机检修（30分）	发动机总成的拆装	X
	发动机附件的拆装	X
底盘检修（20分）	车轮的拆装及换位	X
	拆卸和安装轮胎	X
	更换减振器总成	Y
	拆卸和安装转向横拉杆	Y
	拆卸和安装转向横拉杆球头	Y
	拆装横向稳定杆（前悬架）	Y
	拆装横向稳定杆（后悬架）	Y
	拆装盘式制动器	X
	拆装鼓式制动器	X
汽车电器检修（20分）	更换蓄电池	X
	更换照明指示灯	Y
	更换组合仪表	Z
	更换熔丝	Z
	更换刮水臂	Y
	更换刮水片	Y
	拆装、调节风窗玻璃清洗喷嘴	Z
	清洁冷凝器	Z
	更换空调滤芯	Y

二、试卷结构

试卷分为理论知识考核和操作技能考核两部分，理论知识考核采用闭卷笔试方式，操作技能考核采用现场实际操作方式。理论知识考核和操作技能考核均实行百分制，两门均达到 60 分及以上者为合格。技师和高级技师鉴定还需进行综合评审。

1. 理论知识考核试卷结构

理论知识考核试卷由选择题和判断题两部分组成，满分为 100 分，具体见表 1-3。

表 1-3　理论知识考核试卷结构

题型	鉴定题数目	分数
选择题	160 题 (0.5 分 / 题)	80 分
判断题	40 题 (0.5 分 / 题)	20 分

2. 操作技能考核试卷结构

一套完整的操作技能考核试卷包括考核准备通知单、考核试卷和考核评分记录表三部分。

（1）考核准备通知单　在实施操作技能考核之前，承担鉴定考核的鉴定所（站）需要提前做好考场准备工作。考核准备通知单是为各鉴定所（站）提供的一份清单，包括考试所需要的场地、车辆、设备、工量具、辅料以及故障设置等。

考核准备通知单由鉴定中心提前发至鉴定所（站）。

（2）考核试卷　按照职业技能鉴定工作规范，考核试卷中包括说明、试题名称、考核要求和考核时间等内容。

考核试卷发至鉴定所（站）的监考人员和考评员。

（3）考核评分记录表　考核评分记录表是试卷中每道试题的配分、评分标准，以及扣分、得分记录。在实施鉴定考核的过程中，考评员须依据各试题的配分和评分标准，对考生的每一项操作进行评判和记分，最后进行得分统计、签字。

考核评分记录表中还包括该试题所涉及的有关技术标准，供考评员在实施鉴定时参考。

该表由鉴定所（站）发至考评员。

按照规定，初级工应考核维护、修理两项内容，分别在上述两个考核模块中各选择一道试题，总分值为 100 分。

第二部分 基本要求考核指导

Chapter 2

模块一 职业道德

一、练习题

（一）选择题

1. 职业道德是指从事一定职业劳动的人们，在长期的职业活动中形成的（　　）。
   A. 行为规范　　B. 操作程序　　C. 劳动技能　　D. 思维习惯

2. 在市场经济条件下，职业道德具有（　　）的社会功能。
   A. 鼓励人们自由选择职业　　B. 遏制牟利最大化
   C. 促进人们的行为规范化　　D. 最大限度地克服人们受利益驱动

3. 企业文化的功能不包括（　　）。
   A. 激励功能　　B. 导向功能　　C. 整合功能　　D. 娱乐功能

4. 职业道德对企业起到（　　）的作用。
   A. 决定经济效益　　B. 促进决策科学化
   C. 增强竞争力　　D. 滋生员工守业意识

5. 职业道德是人的事业成功的（　　）。
   A. 重要保证　　B. 最终结果　　C. 决定条件　　D. 显著标志

6. 市场经济条件下，（　　）不违反职业道德规范中关于诚实守信的要求。
   A. 通过诚实合法劳动，实现利益最大化
   B. 打进对手内部，增强竞争优势
   C. 根据服务对象来决定是否遵守承诺
   D. 凡有利于增大企业利益的行为就做

7. 下列选项中属于职业道德范畴的是（　　）。
   A. 企业经营业绩　　B. 企业发展战略
   C. 员工的技术水平　　D. 人们的内心信念

8. 市场经济条件下，（　　）是职业道德社会功能的重要表现。
A. 克服利益导向　　　　　　　B. 遏制牟利最大化
C. 增强决策科学化　　　　　　D. 促进员工行为的规范化

9. 下列选项中属于企业文化功能的是（　　）。
A. 体育锻炼　　B. 激励功能　　C. 歌舞娱乐　　D. 社会交际

10. 职业道德对企业起到（　　）的作用。
A. 增强员工独立意识　　　　　B. 磨合企业上级与员工关系
C. 使员工规规矩矩做事情　　　D. 增强企业凝聚力

11. 在职业交往活动中，符合仪表端庄具体要求的是（　　）。
A. 着装华贵　　　　　　　　　B. 鞋袜等搭配合理
C. 饰品俏丽　　　　　　　　　D. 发型要突出个性

12. 在公私关系上，符合办事公道具体要求的是（　　）。
A. 公私分开　　B. 假公济私　　C. 公平公正　　D. 先公后私

13. 职业道德是一种（　　）的约束机制。
A. 强制性　　B. 非强制性　　C. 随意性　　D. 自发性

14. 市场经济条件下，职业道德最终将对企业起到（　　）的作用。
A. 决策科学化　　　　　　　　B. 提高竞争力
C. 决定经济效益　　　　　　　D. 决定前途与命运

15. 下列选项中属于企业文化功能的是（　　）。
A. 凝聚功能　　　　　　　　　B. 技术培训功能
C. 科学研究功能　　　　　　　D. 社交功能

16. 下列选项中属于职业道德作用的是（　　）。
A. 增强企业的凝聚力　　　　　B. 增强企业的离心力
C. 决定企业的经济效益　　　　D. 增强企业员工的独立性

17. 爱岗敬业作为职业道德的重要内容，是指员工（　　）。
A. 在本职工作干一辈子　　　　B. 热爱有钱的岗位
C. 强化职业责任　　　　　　　D. 不应多转行

18. 勤劳节俭的现代意义在于（　　）。
A. 勤劳节俭是促进经济和社会发展的重要手段
B. 勤劳是现代市场经济需要的，而节俭则不宜提倡
C. 节俭阻碍消费，因而会阻碍市场经济的发展
D. 勤劳节俭只有利于节省资源，但与提高生产力无关

（二）判断题

（　　）1. 职业道德具有自愿性的特点。

（　　）2. 企业文化的功能包括娱乐功能。

（　　）3. 事业成功的人往往具有较高的职业道德。

（　　）4. 在市场经济条件下，克服利益导向是职业道德社会功能的表现。

（　　）5. 职业道德对企业起到增强竞争力的作用。

（　　）6. 爱岗敬业作为职业道德的内在要求，指的是员工要热爱自己喜欢的工作岗位。

（　　）7. 职业道德不倡导人们的牟利最大化观念。

（　　）8. 企业文化对企业具有整合的功能。

（　　）9. 职业道德活动中做到严肃待客、不卑不亢是符合职业道德规范要求的。

二、参考答案

（一）选择题

1. A　2. C　3. D　4. C　5. A　6. A　7. D　8. D　9. B　10. D
11. B　12. C　13. B　14. B　15. A　16. A　17. C　18. A

（二）判断题

1. ×　2. ×　3. √　4. ×　5. √　6. ×　7. ×　8. √　9. ×

模块二　基础知识

一、练习题

（一）选择题

1. 游标卡尺的精度有（　　）三种。
   A. 0.10mm、0.05mm、0.02mm　　B. 0.01mm、0.02mm、0.05mm
   C. 0.10mm、0.50mm、0.20mm　　D. 0.05mm、0.10mm、0.20mm

2. 千分尺是一种精密量具，由尺架、（　　）、固定套筒、微分筒、棘轮旋柄、锁紧装置、旋钮和测砧等组成。
   A. 测微螺杆　　B. 尺寸区　　C. 游标　　D. 量爪

3. 内径百分表在汽车修理中主要用来测量发动机气缸、曲轴轴颈的（　　）。
   A. 平面度　　B. 同轴度　　C. 跳动量　　D. 圆度和圆柱度

4. 百分表表盘刻度为100格，长针转动一格为（　　）mm。
   A. 0.01　　B. 0.02　　C. 0.05　　D. 0.1

5. 在台虎钳活动钳身的光滑面上，（　　）进行敲击作业。
   A. 允许　　B. 可以　　C. 不能　　D. 必须

6. 以下划线工具中，（　　）是基准工具。
   A. 划针　　B. 样冲　　C. 角尺　　D. V形铁

7. 錾削较宽平面时，首先用（　　）在平面上开槽。
   A. 扁錾　　B. 尖錾　　C. 油槽錾　　D. 圆口錾

8. 铰削操作时，（　　）反向旋转铰刀。
   A. 允许　　B. 不允许　　C. 可以　　D. 必须

9. 固定式铰杠受力较合理，一般宜攻（　　）以下的螺孔。
   A. M5　　B. M10　　C. M15　　D. M20

10. 曲面刮刀用于刮削内曲面，如轴承、衬套等，常用曲面刮刀是（　　）。
    A. 手握刮刀　　B. 挺刮刀　　C. 钩头刮刀　　D. 三角刮刀

11. 强度是指金属材料在外力作用下抵抗（　　）不致破坏的能力。
    A. 变形　　B. 冲击　　C. 变形和破坏　　D. 冲击和振动

12. 金属材料的工艺性能是指在（　　）所表现出来的性能。
    A. 使用条件下　　　　　　B. 外力作用下
    C. 加工过程中　　　　　　D. 运输过程中

13. 以下几种材料中，适合制造变速器齿轮、主传动锥齿轮的为（　　）。
    A. 40Cr　　B. 20CrMnTi　　C. 40MnB　　D. 60Si2Mn

14. 优质碳素结构钢的牌号由两位数字表示，表示钢平均含碳量的（　　）。

A. 十分之几　　B. 百分之几　　C. 千分之几　　D. 万分之几

15. 与钢相比，铸铁工艺性能的突出特点是（　　）。
A. 焊接性好　　B. 淬透性好　　C. 可铸性好　　D. 可锻性好

16. 铝合金可分为（　　）和铸造铝合金两类。
A. 防锈铝合金　　B. 硬铝合金　　C. 锻铝合金　　D. 变形铝合金

17. QSn4-4-2.5 可用于制作（　　）。
A. 散热器散热片　　B. 子弹壳　　C. 导电器材　　D. 连杆衬套

18. 凝点是用来表示柴油的（　　）性能。
A. 发火　　B. 蒸发　　C. 低温流动　　D. 黏度

19. 国外发动机机油的分类法是（　　）。
A. 按汽油机油和柴油机油分类　　B. 按生产工艺分类
C. 按 API 性能和 SAE 黏度分类　　D. 按单级机油和多级机油分类

20. （　　）有更高的极压抗磨性和更好的高温、低温性能。
A. 钙基润滑脂　　B. 钠基润滑脂
C. 通用锂基润滑脂　　D. 极压锂基润滑脂

21. 不符合汽车制动液性能要求的是（　　）。
A. 制动迅速准确，安全可靠　　B. 蒸发性要好
C. 化学安定性好　　D. 对制动皮碗的侵蚀要小

22. （　　）制动液是目前广泛应用的主要品种。
A. 醇型　　B. 合成型　　C. 矿油型　　D. 硅油型

23. 9.00-20 表示轮胎断面宽度为 9in（1in≈2.54cm），轮辋直径为 20in 的（　　）。
A. 高压轮胎　　B. 低压轮胎　　C. 超高压胎　　D. 超低压胎

24. 径向滑动轴承主要承受（　　）载荷。
A. 滑动　　B. 推力　　C. 径向　　D. 轴向

25. M20 表示（　　）。
A. 普通粗螺纹　　B. 普通细螺纹　　C. 短螺纹　　D. 梯形螺纹

26. 图样是技术性文件，它表达（　　）的意图。
A. 生产者　　B. 设计者　　C. 使用者　　D. 参观者

27. 国家标准规定，无论图样是否装订，（　　）画出边框。
A. 均需　　B. 不必　　C. 避免　　D. 不用

28. 三视图中，主视图和左视图（　　）。
A. 圆相反　　B. 高平齐　　C. 长对正　　D. 宽相等

29. 零件图的标题栏应包括零件的名称、材料、数量、图号和（　　）等内容。
A. 公差　　B. 比例　　C. 热处理　　D. 表面粗糙度

30. （　　）是最常用的表面粗糙度的评定参数。

A. 轮廓算术平均偏差 Ra　　　　B. 微观不平度十点高度 Rz
C. 轮廓最大高度 Ry　　　　　　D. Rz 和 Ry

31. 互换性就是指同一规格的零部件在装配或更换时,( )经过挑选或修配便可装到机器上去并能满足机器的性能要求。
A. 必须　　　B. 无须　　　C. 可以　　　D. 允许

32. (   ),是指零部件在装配或更换时,不需要辅助加工,不需要选择就能满足使用条件。
A. 有限互换　　B. 完全互换　　C. 不完全互换　　D. 装配互换

33. (   ) 是指将零件按其实际尺寸大小分成若干组,然后按组进行装配。
A. 不完全互换　　B. 完全互换　　C. 无限互换　　D. 装配互换

34. 几何公差框格用细实线画出,在图中应(   )放置。
A. 水平　　　B. 垂直　　　C. 水平或垂直　　　D. 任意

35. 电路中任意两点电位之差称为(   )。
A. 电位　　　B. 电压　　　C. 电势　　　D. 电动势

36. 两只电阻串联时阻值为10Ω,并联时阻值为1.6Ω,则两只电阻阻值分别为(   )。
A. 2Ω 和 8Ω　　B. 3Ω 和 7Ω　　C. 4Ω 和 6Ω　　D. 5Ω 和 5Ω

37. 磁力线上任一点(   )方向与该点的磁场方向一致。
A. 曲线　　　B. 切线　　　C. 直线　　　D. S 极

38. 一个电阻为2Ω 的导体,通过它的电流是4A,则在1min 内电流做的功是(   )J。
A. 8　　　B. 32　　　C. 480　　　D. 1920

39. 由欧姆定律变换式 $R=U/I$,可知(   )。
A. 导体的电阻与电压成正比,与电流成反比
B. 加在导体两端端电压越大,则电阻越大
C. 通过导体的电流越小,则电阻越大
D. 加在导体两端的电压和通过的电流的比值为常数

40. 在均匀磁场中,通过某一平面的磁通量为最大时,这个平面就和磁力线(   )。
A. 平行　　　B. 垂直　　　C. 斜交　　　D. 任意位置

41. 正弦交流电的角频率是描述正弦交流电变化(   )的物理量。
A. 快慢　　　B. 大小　　　C. 初相位　　　D. 方向

42. 灯泡规格"220V　40W"中220V是交流电压的(   )。
A. 有效值　　　B. 瞬时值　　　C. 最大值　　　D. 平均值

43. (   )是电子电路中的重要元件,具有放大作用。

A.二极管　　　B.晶体管　　　C.稳压管　　　D.电容

44. NPN 型晶体管包含（　　）个 PN 结。

A.一　　　　　B.二　　　　　C.三　　　　　D.四

45. 液压传动的工作介质是（　　）。

A.油液　　　　　　　　　　　B.水

C.酒精　　　　　　　　　　　D.以上答案都不对

46.（　　）回路的作用是控制液压系统的最高工作压力，使系统压力不超过压力控制阀的调定值。

A.调压　　　　B.减压　　　　C.增压　　　　D.换向

47. 液压传动系统中，（　　）是动力元件。

A.液压泵　　　B.液压缸　　　C.液压控制阀　　D.液压辅件

48. 目前广泛使用的是（　　）式千斤顶。

A.液压　　　　B.丝杠　　　　C.机械丝杆　　　D. A 和 B

49. 工件尺寸是游标卡尺尺身读出的整毫米数加上（　　）的小数值。

A.游标刻度 × 精度值　　　　　B.游标刻度

C.精度值　　　　　　　　　　D.游标刻度加精度值

50. 使用千分尺测量工件前（　　）擦净度量面，校正零值。

A.必须　　　　B.不必　　　　C.避免　　　　D.不用

51. 测量气缸磨损量时，量缸表的量杆必须与气缸中心线（　　），以保证读数准确。

A.平行　　　　B.垂直　　　　C.倾斜　　　　D.任意位置

52.（　　）扳手适用于拆装位置狭小、特别隐蔽的螺母或螺栓。

A.呆　　　　　B.梅花　　　　C.套筒　　　　D.活

53. 砂轮机砂轮旋转方向应正确，磨屑应向（　　）飞离砂轮。

A.上方　　　　B.下方　　　　C.左方　　　　D.右方

54. 錾子一般用优质碳素工具钢制成，刃口部分经（　　）处理。

A.淬火 + 低温回火　　　　　　B.淬火 + 中温回火

C.淬火 + 高温回火　　　　　　D.表面淬火

55. 锯割是用手工割锯把金属材料分割、开缝和（　　）的加工方法。

A.切槽　　　　B.钻孔　　　　C.整形　　　　D.切削

56. 铰削活塞销孔时，每刀铰削量一般为（　　）mm。

A. 0.10~0.20　B. 0.02~0.05　C. 0.35~0.50　D. 0.50~0.70

57. 丝锥主要由（　　）、校准部分和柄部组成。

A.工作部分　　B.切削部分　　C.导引部分　　D.方头

58.（　　）不用来做研具材料。

A. 灰铸铁　　　　B. 球墨铸铁　　　　C. 低碳钢　　　　D. 高碳钢

59. 塑性是指金属材料在外力作用下，发生（　　）变形而不断裂的能力。

A. 暂时性　　　　B. 永久性　　　　C. 弹性　　　　D. 稳定性

60. 可锻性是指金属材料在冷状态或热状态下，承受锤锻或压力发生（　　）变形的能力。

A. 弹性　　　　B. 屈服　　　　C. 均匀　　　　D. 塑性

61. 可用于制作汽车驾驶室的材料是（　　）钢。

A. 45　　　　B. 08　　　　C. Q235A　　　　D. 65Mn

62. 以下几种材料中（　　）属于合金渗碳钢。

A. 20CrMnTi　　　B. W18Cr4V　　　C. GCr15　　　D. 45Mn2

63. 可用于制作发动机气缸体、气缸盖的铸铁是（　　）。

A. 灰铸铁　　　　B. 白口铸铁　　　　C. 可锻铸铁　　　　D. 球墨铸铁

64. ZL108适于制作（　　）。

A. 活塞　　　　　　　　　　B. 热交换器

C. 制动蹄摩擦片铆钉　　　　D. 电线电缆

65. 表示汽油抗爆性的指标是（　　）。

A. 闪点　　　　B. 馏程　　　　C. 饱和蒸气压　　　　D. 辛烷值

66. -10号轻柴油适合于最低气温在（　　）℃以上的地区使用。

A. 4　　　　B. -5　　　　C. -5~-14　　　　D. -14~-29

67. 机油牌号中，在数字后面带"W"字母的表示（　　）。

A. 低温系列　　　B. 普通系列　　　C. 四季通用　　　D. 多级油

68. 制动液的使用性能有抗气阻性、吸湿性、橡胶相容性和（　　）等。

A. 闪点性　　　B. 馏程性　　　C. 饱和性　　　D. 溶水性

69. （　　）耐水性强，但耐热性差。

A. 钙基润滑脂　　　　　　　B. 钠基润滑脂

C. 通用锂基润滑脂　　　　　D. 极压复合锂基润滑脂

70. 目前常用的冷却液多属（　　），其中多加有防腐剂和染色剂，可以长期使用，所以称为长效冷却液。

A. 酒精—水型　　B. 甘油—水型　　C. 乙二醇—水型　　D. 矿油型

71. 轮胎胎面不包括（　　）。

A. 胎冠　　　　B. 胎肩　　　　C. 胎圈　　　　D. 胎侧

72. 径向推力轴承主要承受（　　）载荷。

A. 径向　　　　B. 轴向　　　　C. 推力　　　　D. 径向和轴向

73. M16×1表示（　　）。

A. 普通粗螺纹　　B. 普通细螺纹　　C. 短螺纹　　　D. 梯形螺纹

74.（　　）富有立体感，给人一种直观的感觉，但不能反映物体的真实形状。
A. 立体图　　　B. 视图　　　C. 剖视图　　　D. 剖面图

75. 国家标准规定，在图框内的（　　）应留出标题栏。
A. 左下角　　　B. 右下角　　　C. 中间位置　　　D. 任意位置

76. 国家标准规定，图样中的线性尺寸大小均以（　　）为单位，在尺寸数字后面不必加注计量单位名称。
A. mm　　　B. cm　　　C. dm　　　D. m

77. 零件的主视图反映了零件的（　　）。
A. 长度、宽度
B. 宽度、高度
C. 长度、高度
D. 长度、宽度、高度

78. 孔的上极限偏差是（　　）。
A. ES　　　B. EI　　　C. es　　　D. ei

79. 配合是指（　　）相同的、相互结合的孔和轴公差带之间的关系。
A. 公称尺寸　　　B. 实际尺寸　　　C. 极限尺寸　　　D. 作用尺寸

80. 发动机大修，如果更换了（　　）就采用了不完全互换。
A. 气门弹簧　　　B. 活塞和活塞销　　　C. 缸盖螺栓　　　D. 火花塞

81. $\phi 20F8/h7$ 表示公称尺寸为 $\phi 20mm$ 的（　　）。
A. 基孔制间隙配合
B. 基孔制过盈配合
C. 基轴制间隙配合
D. 基轴制过盈配合

82. 无论位置公差基准代号的方向如何，其字母必须（　　）填写。
A. 水平　　　B. 垂直　　　C. 水平或垂直　　　D. 任意

83. 金属制成的圆形均匀截面导线长为5m，电阻为2Ω，现将该导线均匀拉长到10m，则此时的电阻变为（　　）Ω。
A. 2　　　B. 4　　　C. 6　　　D. 8

84. 电阻 R_1 与 R_2（$R_1>R_2$）并联时则有（　　）。
A. $I_1 > I_2$　　　B. $I_1 < I_2$　　　C. $U_1 > U_2$　　　D. $U_1 < U_2$

85. 电与磁都是物质运动的基本形式，两者之间密不可分，统称为（　　）。
A. 电磁现象　　　B. 磁化　　　C. 磁场　　　D. 磁力

86. 电阻为2Ω的导体，接在12V的电源上，在1min内电流所做的功是（　　）J。
A. 432　　　B. 4320　　　C. 43200　　　D. 432000

87. 一用电器测得其阻值是55Ω，使用时的电流为4A，则其供电线路的电压为（　　）V。
A. 100　　　B. 110　　　C. 200　　　D. 220

88. 磁感应强度的单位是（　　）。

A.Wb B.T C.A/m D.Wb/m²

89. 50Hz 的交流电其周期 T 和角频率 ω 各为（　　）。
   A. 0.02s 314rad/s B. 50s 3.14rad/s
   C. 0.02s 3.14rad/s D. 50s 314rad/s

90. 半导体二极管按（　　）分可分为锗二极管和硅二极管。
   A. 结构 B. 用途 C. 基片材料 D. 尺寸

91. 晶体管发射结正向偏置，集电结反向偏置是（　　）状态。
   A. 放大 B. 截止
   C. 饱和 D. 以上答案都不对

92. 用万用表分别测量 b、e 极间和 b、c 极间 PN 结的正、反向电阻，如果测得正、反向电阻相差较大，则晶体管（　　）。
   A. 良好 B. 已经断路
   C. 已击穿 D. 以上答案都不对

93. 液压传动以油液作为工作介质，依靠（　　）的变化来传递运动。
   A. 容积 B. 密封容积 C. 能量 D. 体积

94. （　　）回路的作用是使液压系统的某一支路获得低于系统主油路工作压力的压力油。
   A. 调压 B. 减压 C. 增压 D. 换向

95. （　　）将油液的压力转换为机械能带动负载运动。
   A. 液压泵 B. 液压缸 C. 压力阀 D. 方向阀

96. 液压千斤顶应（　　）放置。
   A. 竖直 B. 垂直 C. 水平 D. 倒立

97. 滑脂枪用于加注（　　）。
   A. 润滑油 B. 润滑脂 C. 机油 D. 齿轮油

98. 千分尺是一种精密量具，其测量精度可达（　　）mm。
   A. 0.1 B. 0.01 C. 0.001 D. 0.005

99. 用百分表测量时，（　　）将百分表安装在固定支架上。
   A. 必须 B. 不必 C. 避免 D. 不用

100. 测量气缸直径时，可将量缸表放入气缸上部，若表针能转动（　　）圈左右，表示调整合适。
   A. 1 B. 2 C. 3 D. 4

101. 常用的台虎钳有（　　）和固定式两种。
   A. 齿轮式 B. 回转式 C. 蜗杆式 D. 齿条式

102. 砂轮机起动后，待转速达到（　　）时方可进行磨削。
   A. 正常 B. 高速 C. 平稳 D. 100r/min

103. 平面錾削时，每次錾削厚度为（   ）mm。
A. 0.5~1   B. 1~1.5   C. 1.5~2   D. 2~2.5

104. 锯弓是用来装夹锯条的，它有固定式和（   ）两种。
A. 移动式   B. 可拆式   C. 可调式   D. 整体式

105. 锉刀可分为普通锉、特种锉和（   ）三类。
A. 平锉   B. 方锉   C. 三角锉   D. 整形锉

106. 攻螺纹前必须先钻底孔，钻孔孔径应（   ）螺纹的内径。
A. 小于   B. 大于   C. 等于   D. 任意

107. 平面研磨时，工件运行的轨迹是"8"字形或（   ）。
A. 直线形   B. 圆形   C. 螺旋形   D. 任意形

108. 韧性是指金属材料抵抗（   ）而不致断裂的能力。
A. 冲击   B. 外力   C. 变形   D. 破坏

109. 金属材料能够拉拔成线或能够轧成板的性能称为（   ）。
A. 切削性   B. 延展性   C. 耐磨性   D. 渗透性

110. 60Si2Mn 可用于制作（   ）。
A. 丝锥   B. 汽车钢板弹簧   C. 汽车变速器齿轮   D. 汽车车架

111. 采用低碳合金钢 20CrMnTi 制作的汽车传动齿轮，要求表面有高的硬度和耐磨性，心部具有良好的韧性，其最终热处理应采用（   ）。
A. 淬火 + 中温回火   B. 调质处理
C. 渗碳 + 淬火 + 低温回火   D. 表面淬火

112. 可用（   ）代替 45 钢制作发动机曲轴。
A. HT200   B. KTH350-10   C. QT600-3   D. HT150

113. 普通黄铜中，锌的质量分数为 30%~32% 时，（   ）最好。
A. 塑性   B. 韧性   C. 弹性   D. 强度

114. 用低牌号汽油代替高牌号汽油时应适当（   ）点火提前角，以免发生爆燃。
A. 增大   B. 减小   C. 增大或减小   D. 不变

115. SD、SE 两种机油（   ）。
A. 都是汽油机油   B. 都是柴油机油
C. 二者相比，SE 的性能好   D. 二者相比，SD 的性能好

116. 我国发动机机油的分类法是（   ）。
A. 按汽油机油和柴油机油分类   B. 按生产工艺分类
C. 按黏度和质量分类   D. 按单级机油和多级机油分类

117. 表示汽油蒸发性的指标是（   ）。
A. 实际胶质   B. 馏程和饱和蒸气压

C. 诱导期 D. 硫分

118. 子午线轮胎胎体帘布层帘线与胎面中心线成（　　）角。
A. 0° B. 30° C. 60° D. 90°

119. 轮胎缓冲层位于胎面和（　　）之间，质软而弹性大。
A. 帘布层 B. 胎肩 C. 胎侧 D. 胎圈

120. 常用的剖分式轴承被称为轴瓦，一般在轴瓦内表面铸一层（　　）材料。
A. 耐磨 B. 减振 C. 减摩 D. 耐热

121. 螺纹相邻牙上对应点的轴向距离称为（　　）。
A. 导程 B. 螺距 C. 外径 D. 内径

122. （　　）是从前向后观察物体所得到的图形。
A. 左视图 B. 主视图 C. 俯视图 D. 右视图

123. 尺寸线应用（　　）绘制。
A. 粗实线 B. 细实线 C. 虚线 D. 点画线

124. 机件向不平行于任何基本投影面的平面投影，所得到的视图称为（　　）。
A. 基本视图 B. 斜视图 C. 局部视图 D. 旋转视图

125. 有时为了合理使用图纸，基本视图不能按照配置关系布置时，可以用（　　）来表示。
A. 基本视图 B. 向视图 C. 局部视图 D. 旋转视图

126. （　　）是指制定和贯彻技术标准的全过程。
A. 技术标准 B. 基础标准 C. 标准化 D. 标准管理

127. $\phi 20H8/f7$ 表示公称尺寸为 $\phi 20mm$ 的（　　）。
A. 基孔制间隙配合 B. 基孔制过盈配合
C. 基轴制间隙配合 D. 基轴制过盈配合

128. 一般零件图应包括标题栏、一组视图、完整的尺寸和（　　）等四项内容。
A. 检验要求 B. 使用要求 C. 技术要求 D. 热处理要求

129. 一般金属材料的阻值（　　）。
A. 随温度的升高而下降 B. 随温度的升高而升高
C. 变化不定 D. 与温度无关

130. 电阻 R_1 与 R_2（$R_1 > R_2$），串联时则有（　　）。
A. $I_1 > I_2$ B. $I_1 < I_2$ C. $U_1 > U_2$ D. $U_1 < U_2$

131. 磁体周围存在着磁力作用的空间，叫（　　）。
A. 磁极 B. 磁场 C. 磁力线 D. 磁化

132. 1kW·h 等于（　　）J。
A. 3.6×10^6 B. 3.6×10^5 C. 3.6×10^4 D. 3.6×10^3

133. 全电路欧姆定律的表达式为（　　）。

A. $I=U/R$ B. $I=E/(R+r)$ C. $I=U^2/R$ D. $I=E^2/(R+r)$

134. 电磁感应的条件是穿越线圈的（　　）发生变化。

A. 磁通量　　　B. 电流　　　C. 电压　　　D. 电阻

135. 已知正弦量 $U=100\sin(314t+\pi/6)$，则其初相位是（　　）。

A. 100　　　B. 314　　　C. $\pi/6$　　　D. $\pi/3$

136. 稳压二极管由（　　）个 PN 结构成。

A. 1　　　B. 2　　　C. 3　　　D. 4

137. 晶体管的（　　）是用来表示晶体管的电流放大能力的参数。

A. 电流放大系数　B. 穿透电流　C. 最大允许电流　D. 反向击穿电压

138. 如果测得晶体管 b、e 极间和 b、c 极间 PN 结的正、反向电阻都很大，说明晶体管（　　）。

A. 良好　　　　　　　　　　B. 已经断路

C. 已击穿　　　　　　　　　D. 以上答案都不对

139. 液压传动以油液作为工作介质，依靠油液内部的（　　）来传递动力。

A. 变化　　　B. 分子　　　C. 压强　　　D. 压力

140. （　　）回路可使工作部件在运动过程中的某一位置上停留一段时间保持不动。

A. 换向　　　B. 顺序　　　C. 锁紧　　　D. 减压

141. （　　）只允许液流向一个方向通过，对另一个方向的液流则截止。

A. 压力阀　　B. 流量阀　　C. 方向阀　　D. 单向阀

142. 液压千斤顶的液压开关处于（　　）状态，方可顶起汽车。

A. 拧紧　　　B. 放松　　　C. A、B 均可　　　D. 以上都不对

143. （　　）扳手能显示力矩大小。

A. 呆　　　B. 梅花　　　C. 扭力　　　D. 活

（二）判断题

（　　）1. 游标卡尺的精度有 0.10mm、0.05mm 和 0.02mm 三种。

（　　）2. 内径百分表由百分表、表杆、接杆、活动量杆，以及一套长短不一、可更换的固定量杆等组成。

（　　）3. 台虎钳的丝杠、螺母及其活动表面都要经常加润滑油，并保持清洁。

（　　）4. 使用样冲时，首先应使样冲向外倾斜，使样冲对准线中部，然后将样冲摆正，用锤子轻打样冲顶部。

（　　）5. 铰孔时，铰刀的旋转速度要均匀，进给量大小要适当，用力不要过猛。

（　　）6. 硬度是指金属材料抵抗局部变形、压痕或划痕的能力。

（　　）7. 黄铜是铜锌合金，青铜是铜锡合金。

(　　)8.乙二醇有毒,使用中严禁用嘴吸吮,手接触后要洗净。

(　　)9.电阻串联后,电阻值越高,其两端分得的电压就越高。

(　　)10.方向阀分为单向阀和换向阀两种。

(　　)11.工件尺寸是游标卡尺尺身读出的整毫米数。

(　　)12.使用活扳手时,必须使开口尺寸调整至合适,尽量使固定口受拉力、活动口受推力,用力要均匀。

(　　)13.使用划规时,划规两脚开合松紧度要适当,以免划线时发生自动张缩。

(　　)14.锯条规格用其两端安装孔距表示,常用的是300mm锯条。

(　　)15.板牙是手工切削内螺纹的常用工具。

(　　)16.铸铁是碳的质量分数大于2.11%并含有一定数量的硅、锰、硫、磷等元素的铁碳合金。

(　　)17.15W/30是一种多级机油,它同时具有SAE15W的低温黏度和SAE30的高温黏度,能全年通用。

(　　)18.三视图包括主视图、俯视图和左视图。

(　　)19.晶体管具有单向导电性。

(　　)20.游标卡尺的厚度有0.10mm、0.05mm和0.02mm三种。

(　　)21.百分表大指针转动一圈,小指针则转一格。

(　　)22.砂轮机用来磨削各种刀具,磨去工件或材料表面的毛刺、飞边等。

(　　)23.錾削软金属时,可将肥皂或油涂于錾子刃口上,这样容易錾削,且表面光滑。

(　　)24.锉削时要及时清理锉纹中的铁屑,可用嘴吹,也可用手清除。

(　　)25.金属材料可分为黑色金属和有色金属两大类。

(　　)26.使用地区气温低,应选用凝点较低的轻柴油,反之则选用凝点较高的轻柴油。

(　　)27.常用螺纹有连接螺纹和传动螺纹两大类。

(　　)28.同一支路中流过所有元件的电流都相等。

二、参考答案

（一）选择题

1.A　2.A　3.D　4.A　5.C　6.D　7.B　8.B　9.A
10.D　11.A　12.C　13.B　14.D　15.C　16.D　17.D　18.C
19.C　20.D　21.B　22.B　23.B　24.C　25.A　26.B　27.A
28.B　29.B　30.A　31.B　32.B　33.A　34.C　35.B　36.A
37.B　38.D　39.D　40.B　41.A　42.A　43.B　44.B　45.A

46.A	47.A	48.A	49.A	50.A	51.B	52.A	53.B	54.A
55.A	56.B	57.B	58.D	59.B	60.D	61.B	62.A	63.A
64.A	65.D	66.B	67.A	68.D	69.A	70.C	71.C	72.D
73.B	74.A	75.B	76.A	77.C	78.A	79.A	80.B	81.C
82.A	83.D	84.B	85.A	86.B	87.D	88.B	89.A	90.C
91.A	92.A	93.B	94.B	95.B	96.B	97.B	98.B	99.A
100.A	101.B	102.A	103.A	104.C	105.D	106.A	107.C	108.A
109.B	110.B	111.C	112.C	113.A	114.B	115.A	116.C	117.B
118.D	119.A	120.C	121.B	122.B	123.B	124.B	125.B	126.C
127.A	128.C	129.B	130.C	131.B	132.A	133.B	134.A	135.C
136.A	137.A	138.B	139.D	140.C	141.D	142.A	143.C	

（二）判断题

1.√ 2.√ 3.√ 4.√ 5.√ 6.√ 7.× 8.√ 9.√
10.√ 11.× 12.√ 13.√ 14.√ 15.× 16.√ 17.√ 18.√
19.× 20.× 21.√ 22.√ 23.√ 24.× 25.√ 26.√ 27.√
28.√

第三部分 理论知识考核指导

Chapter 3

模块一　汽车维护

一、考核范围

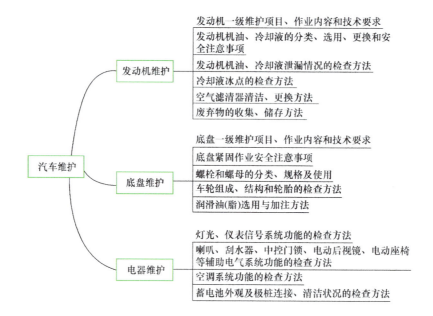

二、考核要点详解

> **知识点 1：** 汽车维护的基本原则和目的

"预防为主，强制维护"是汽车维护的基本原则。汽车维护工作是保持汽车正常技术状态的基础，维护作业内容是依照汽车技术状况变化规律来安排的。

汽车维护的目的在于保持车容整洁，及时发现和消除故障隐患，有效地延长汽车的使用寿命，防止车辆早期损坏，从而达到下列要求：车辆经常处于良好的技术状况，随时可以出车；在合理使用条件下，不会因机件损坏而影响行车安全；在运行过程中，降低燃料、润滑油、配件及轮胎的消耗，减少车辆噪声和排放污染物对环境的污染；各部总成的技术状况尽量保持均衡，以延长汽车大修间隔里程。

知识点2：汽车维护级别的划分和周期

汽车维护可分为常规性维护、季节性维护、走合期维护。常规性维护分为日常维护、一级维护、二级维护三种级别。各级维护的间隔里程或使用时间间隔以国家标准或汽车生产厂家规定为准。

汽车维护是一种计划预防制度，就是在汽车行驶到规定的维护周期时，必须按期强制进行维护。汽车维护作业必须保证维护质量，但在进行维护作业时不准对汽车主要总成进行大拆，只有在发生故障需要解体时，才允许解体。

汽车维护周期是指汽车进行同级维护之间的间隔里程或时间。我国国家标准规定，日常维护为出车前、行驶中和收车后进行的维护。汽车一、二级维护周期的确定，应以汽车的行驶里程或时间为基本依据：

1）一级维护周期一般为2000~3000km或按车辆使用说明书的有关规定进行维护。

2）二级维护周期一般为10000~18000km或按车辆使用说明书的有关规定进行维护。

汽车的品牌不同，其相应的汽车维护周期可能也不同。例如：桑塔纳普通型轿车维护规定为日常维护、7500km首次维护、15000km维护、30000km维护四种级别；一汽丰田卡罗拉轿车维护规定为日常维护、5000km（或6个月）首次维护、20000km维护、40000km维护四种级别。

知识点3：汽车维护的主要工作内容

汽车维护的主要工作是清洁、检查、紧固、调整、润滑、补给等项目。

1）清洁：包括对燃料、机油、空气滤清器滤芯的清洁，汽车外表的养护和对有关总成零部件内外部的清洁。

2）检查：检查汽车各总成和机件的外表、工作情况和连接螺栓的松紧度等。

3）紧固：紧固工作是为了使各部机件连接可靠，防止机件松动。重点应放在负荷重且经常变化的各部机件的连接部位上，以及对各连接螺栓进行紧固和配换。

4）调整：按技术要求，恢复总成机件的正常配合间隙及工作性能。

5）润滑：包括对发动机润滑系统部件的更换或添加机油，对传动系统及行驶系各润滑点加注润滑油或润滑脂。

6）补给：对汽车的燃油及特殊工作液体进行加注补充，对蓄电池进行补充充电，对轮胎进行补充充气等。

知识点4：发动机机油的分类

1. 分类方法

1）发动机机油采用含字母 W 和不含字母 W 两组黏度等级系列。含字母 W 的一组单级发动机机油以低温起动黏度、低温泵送黏度和100℃时运动黏度划分黏度等级；不含字母 W 的一组单级发动机机油是以100℃时运动黏度和150℃时高温高剪切黏度划分黏度等级。

2）一个多黏度等级发动机机油，其低温起动黏度和低温泵送黏度应满足系列中一个 W 级的要求，同时，其100℃运动黏度和150℃高温高剪切黏度应在系列中一个非 W 级分类规定的黏度范围之内。

2. 黏度牌号表示方法

1）黏度等级以六个含字母 W 的低温黏度等级号（0W、5W、10W、15W、20W、25W）和八个不含字母 W 的高温黏度等级号（8、12、16、20、30、40、50、60）表示。

2）黏度牌号有单级油和多级油之分。任何一个牛顿油可标为单级油（含 W 或不含 W）。一些经聚合物黏度指数改进剂调配的油是非牛顿油，应标上适当的多黏度等级（含 W 和高温等级），即含 W 黏度级和高温黏度级，并且两黏度级号之差大于15。例如，一个多级油可标为10W-30或20W-40，而不可标为10W-20或20W-20。一个油可能同时符合多个 W 级，所标记的含 W 级号或多黏度级号只取最低 W 级号。例如，一个多级油同时符合10W、15W、20W、25W 和30级号，黏度牌号只能标为10W-30。

3）对于黏度等级为 SAE 8~SAE 20 的发动机机油，其100℃运动黏度可能同时符合一个以上高温黏度等级要求。在标记符合一个以上高温黏度等级要求的单级油或多级油时，仅需标记符合最大高温高剪切黏度的黏度等级。

知识点5：发动机机油的选用

1. 汽油机油使用等级的选用

汽油机油使用等级可由发动机压缩比及附属装置来选择，发动机压缩比越高、附属装置越多，发动机机油级别就应越高。20世纪80年代初的汽油机，压缩比高的选用 SF 级以上的汽油机油。近年来生产的汽油机，应选用 SJ 级别的汽油机油。

2. 柴油机油使用等级的选用

柴油机油使用等级可用柴油机强化系数来表示。强化系数越高，柴油机的热负荷和机械负荷就越大，机油的工作条件也就越苛刻，要求选用等级高的机油。近年生产的柴油机应选用 CF-4 以上级别的柴油机油。

3. 根据地区、季节、气温和发动机技术特性选用黏度等级

气温低的地区和季节,应选用黏度小的机油;反之,应选用黏度大的机油。

知识点 6:发动机机油使用注意事项

1)应根据汽车使用说明书选择机油的使用等级。

2)要选用适当黏度的油品。并不是黏度越大越好,因为黏度太大时,会导致刚起动时机油流动太慢,容易使机件磨损加剧,甚至造成烧瓦事故。

3)在换油时要将废油放净,以免污染新加入的机油,导致新油迅速变质,引起发动机腐蚀性磨损,缩短发动机使用寿命。

4)保持曲轴箱通风良好。由燃烧室窜入曲轴箱的气体有腐蚀性,能使机油氧化变质并污染发动机,因此,必须保持曲轴箱通风良好。

5)保持正常的油面高度。油量不足时,不仅会加速机油变质,而且会因缺油而引起机件烧损;相反,油量太多时,机油会沿缸壁与活塞环之间的间隙窜入燃烧室,造成发动机烧机油。此外,油面过高时,会增加机油的搅动阻力,使油耗增大,磨损加剧。

6)定期检查保养机油各滤清器,及时更换滤芯。

7)定期或按质换油。任何质量的机油,在使用到一定里程后,一些理化指标都会发生变化,会给发动机带来危害,产生故障,所以要根据油的变化情况定期按质换油。

8)使用稠化机油时,与同一牌号的一般机油比较,其油压应稍低。因为稠化机油黏温性好,所以压力稍低是正常现象。

9)不同品牌、不同牌号的发动机机油原则上不能混用。

知识点 7:对冷却液的性能要求

汽车冷却液在冷却系统中起着冷却和防冻的作用。为了保证汽车冷却系统正常工作,冷却液应有较低的冰点、良好的导热性能、适宜的低温黏度、对金属和橡胶无腐蚀作用、良好的化学安定性、泡沫少和蒸发损失小等特点。

知识点 8:冷却液的种类与性能

冷却液主要由防冻剂与水按一定比例混合而成。按防冻剂的不同,汽车常用的冷却液可分为酒精型、甘油型、乙二醇型等。

1. 酒精型冷却液

酒精型冷却液是用酒精作为防冻剂,与水配制而成。酒精易燃、易挥发,因此,这种冷却液流动性好、散热快,但易燃、易挥发,而且挥发后冰点容易回升,已淘汰。

2. 甘油型冷却液

甘油型冷却液是用甘油（丙三醇）作为防冻剂，与水配制而成。由于甘油的沸点、闪点高，因此，这类冷却液的沸点高，不易蒸发和着火，但降低冰点的效率低，甘油用量大，成本高。

3. 乙二醇型冷却液

乙二醇型冷却液是目前国内外使用最为广泛的一种冷却液。它用乙二醇作为防冻剂，与水配制而成。乙二醇的沸点高，与水混合后，可使混合液的冰点显著降低，最低可达 -68℃。可用不同比例的乙二醇和水可配制成不同冰点的冷却液。这类冷却液的优点是沸点高、冰点低、冷却效率高、黏度较小等。但乙二醇有毒性，对金属有腐蚀作用，因此，常用的乙二醇型冷却液多加有防腐剂和染色剂。

知识点 9：乙二醇型冷却液的牌号和规格

乙二醇型冷却液按石化行业标准，分为冷却液和浓缩液两大类。冷却液可直接加注使用，按其冰点分为 -25、-30、-35、-40、-45、-50 六种牌号。浓缩液便于储运，使用时需加水稀释。它与蒸馏水各以 50%（体积）混合后，冰点可不高于 -37℃。

知识点 10：乙二醇型冷却液的选用与使用注意事项

1. 乙二醇型冷却液的选用

乙二醇型冷却液的牌号是按冰点划分的，在使用时应根据车辆使用地区冬季的最低气温来选择适当的牌号，且选用的冷却液冰点应比最低温度低 5~10℃。若采用浓缩液，应根据产品说明书规定的比例，用蒸馏水或去离子水掺兑，不能使用河水、井水及自来水。

2. 使用注意事项

加注乙二醇型冷却液前应将散热器中的水放尽，以免影响冷却液的性能。用浓缩液配制时，乙二醇的含量不应超过 68%。因为超过该比例后，乙二醇会与水共溶，不但不能降低冰点，反而会使冷却液的浓度增加，散热性变坏。乙二醇型冷却液使用一段时间后，会因蒸发而使液面下降，应及时加水，并保持原有容量。乙二醇型冷却液的更换周期一般为 3~5 年，也可通过测定其 pH 值来判断是否需要更换，当冷却液的 pH 值小于 7 时就必须更换。乙二醇对人体有毒性，使用时严防入口。应防止乙二醇型冷却液与油品接触，以免其受热后产生泡沫。

知识点 11：机油泄漏情况的检查方法

1）首先检查发动机外部是否有漏油处。要特别注意曲轴前端和后端的油封处是否漏油。曲轴前端的油封破裂损坏、老化或曲轴带轮与油封接触面磨损，会引起曲轴前端漏油。曲轴后端的油封破裂损坏或后主轴承盖的回油孔过小，回油受阻，会引起曲轴后端漏油。另外还应注意凸轮轴后端油封是否漏油。油封老化、破裂时应及时更换。除此之外，还要检查发动机润滑系统各零部件是否存在外漏现象。

2）如果发动机的前后油封处漏油，甚至前后气缸盖罩、前后气门挺杆室、机油滤清器、油底壳衬垫等多处有机油渗出，但又找不到明显的漏油处，应检查曲轴箱通风装置，清理曲轴箱通风管道，尤其是检查 PCV 阀是否由于积炭和结胶卡滞造成工作不良。如果曲轴箱通风不良，很可能会导致曲轴箱内压力升高，从而出现多处机油渗漏现象。

3）如果机油滤清器及一些机油管路的接头处经过紧固后还是漏油，应注意检查机油压力是否过高，机油限压阀是否工作不良。

知识点 12：冷却液泄漏情况的检查方法

检查冷却系统各管接口是否有冷却液外漏的迹象。由于冷却液往往加有染料着色，外部渗漏部位会较为明显，应着重检查各管接头、节温器、储液罐、水泵接合面、散热器及散热器盖等部位是否有渗漏冷却液的迹象。

检查冷却系统是否有冷却液泄漏现象。除了通过用眼观察，还可以用如下的压力法进行更加准确的测试：

1）将冷却液加注到散热器中，并连接压力测试仪，如图 3-1 所示。

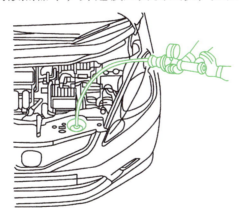

图 3-1　连接压力测试仪

2）使发动机暖机。

3）将其泵压调至 137kPa，检查并确认压力不下降。

4）如果压力下降，则检查水管、散热器和水泵是否泄漏。

如果外部无液体泄漏的迹象，则检查散热器芯、气缸体和气缸盖。一般内部渗漏时会伴随有发动机加速无力、排气管冒白烟、散热器有气泡、机油液面升高、机油呈乳白色等现象。

知识点 13：冷却液冰点的检查方法

如果曾经加注过蒸馏水，在入冬前，最好检查一下冷却液的冰点。

冷却液的冰点采用冰点测试仪进行检测。冰点测试仪也可用来检测蓄电池电解液密度、风窗玻璃清洗液冰点等。

1）测量冷却液冰点时，取少许冷却液涂于冰点测试仪观测口上，如图3-2所示。

图3-2 测量冷却液冰点

2）用眼睛直接观测冰点测试仪，在观测口中将显示冷却液冰点。

3）观测口中有明显的蓝白分界线，上部为蓝色，下部为白色，分界线对应的刻度即为测量的结果。

知识点 14：空气滤清器清洁、更换方法

空气滤清器清洁、更换的具体方法如下：

1）打开发动机舱盖，确认空气滤清器的位置。其一般位于发动机舱右侧，即右前轮上方位置，一条粗软橡胶管连着的黑色方形塑料盒就是空气滤清器。

2）设计时考虑到方便车主经常拆卸清理，一般车型都不会使用螺钉固定，轻轻掰开朝向车尾方向的两只金属卡子，即可将整个空气滤清器盒盖掀起。有的车型会在盒盖的卡箍上安装螺钉，这时需要选取合适的螺钉旋具将空气滤清器卡箍上的螺钉拧下。

3）将整个空气滤清器盒盖朝前掀起。

4）将空气滤芯取出，检查是否有较多尘土，可以轻轻拍打滤芯端面，或用压缩空气由里向外吹去滤芯上的尘土。

注意：切勿用汽油或水洗刷。如果空气滤清器已经发生严重堵塞则需要更换新的。

5）用拧干的湿布或者高压风枪清洁空气滤清器壳体内壁，保证在装复空气滤清器之前，空气滤芯以及进气盒中没有水分残留。

6）安装清洁过的（或新的）空气滤清器滤芯，然后按拆卸时相反的顺序进行装复。

知识点 15：底盘紧固作业安全注意事项

底盘紧固作业是将各机件按要求牢固地连接在一起，使之工作可靠、密封良好，保证各机件工作可靠。由于车辆在行驶中的颠簸、振动以及机件的热胀冷缩等原因，车辆运行一定里程后将使各连接件的紧固程度发生改变，以致出现松脱，因此，紧固是车辆维护中的一项重要工作。在车辆各级维护作业中，应按规定的作业范围，将车辆各部分的螺栓、螺母及所配用的平垫圈、弹簧垫圈、锁止垫圈、开口销、垫片、金属锁线等，按规定规格和数量装配齐全。

拆装或紧固螺母、螺栓等紧固件时，均须使用专用工具或规格合适的扳手，不得用钳子或錾子剔动。

凡能用顶拔器拆卸的零件，一般不准用锤击、錾子冲、撬棍撬的方法代替；非用不可时，不能直接与零件接触，应垫以木块或有色软金属，以防损坏零件。

知识点 16：车轮的组成

车轮与轮胎是汽车行驶系统中的重要部件，位于汽车车身与路面之间，起到支承汽车和装载质量，传递汽车与路面之间的各种力和力矩，缓冲车轮受路面颠簸时所引起的振动，保持汽车的行驶方向等作用。

车轮与轮胎组成车轮总成，通常由轮胎、轮辋和轮辐组成。

轮辋用于安装和固定轮胎。轮辐用于将轮毂和轮辋连接起来。轮辐通过螺栓与轮毂连接。

知识点 17：轮胎

1. 轮胎的分类

1）按胎体结构的不同，轮胎可分为充气轮胎和实心轮胎两种。现代汽车绝大多数采用充气轮胎。

充气轮胎分为有内胎轮胎和无内胎轮胎两种。

普通充气轮胎由外胎、内胎和垫带组成，使用时安装在汽车车轮的轮辋上。没有内胎的轮胎，空气直接压入外胎中，因此要求外胎与轮辋之间密封性很好。其优点是消除了内外胎之间的摩擦，且散热性好、胎温低，有利于车速的提高，另外其结构简单、质量小、寿命长、耐刺穿性好，但材料、工艺要求高，途中维修困难。现在无内胎轮胎在轿车上广泛采用，并开始在货车上使用。

2）按胎体中帘线排列方向的不同，还可分为斜交轮胎和子午线轮胎。子午线轮胎帘布层帘线在轮胎上的分布就像地球的子午线，帘线的强度得到充分利用，帘布层数可比普通斜交轮胎减少40%~50%，胎体较柔软，接地面积大，附着性能好，对地面单位压力小，滚动阻力小，节省油耗。目前，国产轿车大多使用子午线无内胎轮胎。

3）按轮胎内空气压力的大小，轮胎还可分为高压胎（0.5~0.7MPa）、低压胎（0.15~0.45MPa）和超低压胎（0.15MPa 以下）。低压胎弹性好、断面宽、接地面积大、壁薄散热好，从而提高了汽车行驶的平顺性、稳定性，同时提高了轮胎的使用寿命，所以汽车上几乎全部使用低压胎。

2. 轮胎规格的表示方法

（1）斜交轮胎的规格　我国和大多数国家一样，斜交轮胎的规格用 $B-d$ 表示，载货汽车斜交轮胎和轿车斜交轮胎的尺寸 B 和 d 均使用 in 为单位，例如，9.00—20 表示轮胎宽度为 9.00in、轮胎内径为 20in 的斜交轮胎。

（2）子午线轮胎的规格　以上海桑塔纳 2000GSi 轿车轮胎的规格"195/60 R 14 85 H"为例进行说明。

"195"表示轮胎宽度为 195mm，货车子午线轮胎的宽度一般用 in 为单位。

"60"表示扁平比为 60%，扁平比为轮胎高度 H 与宽度 B 之比，有 60、65、70、75、80 五个级别。

"R"表示子午线轮胎，即"Radial"的第一个字母。

"14"表示轮胎内径为 14in。

"85"表示荷重等级，即最大载荷质量。荷重等级为 85 的轮胎的最大载荷质量为 515kg。

"H"表示速度等级，表明轮胎能行驶的最高车速。

另外，在轮胎规格前加"P"表示轿车轮胎；在胎侧标有"REINFORCED"表示经强化处理，"RADIAL"表示子午线轮胎，"TUBELESS"（或"TL"）表示无内胎（真空胎），"M + S"（Mud and Snow）表示适于泥地和雪地，"→"表示轮胎旋向，不可装反。

知识点 18：轮胎更换注意事项

1）不能装用其他汽车型号的轮胎，否则难以保证汽车的路面附着性和行驶的安全性。

2）为了使轮胎磨损尽可能达到均衡，安装在汽车上的所有轮胎，应进行轮胎换位。轮胎换位要按规定进行，并保持轮胎的原滚动方向。

3）新轮胎花纹上有宽 12mm，厚 6mm 的磨损指示条。如果指示条已磨去，应立即更换轮胎。

4）拆卸轮胎时，应使用千斤顶，在指定位置上将车身顶起。

5）轮胎与轮辋必须配套使用，不允许对轮辋进行敲击或使用撬棒，要用轮胎拆装机进行拆装。

6）修理过或新换的轮胎必须经过动平衡试验后方可使用。

知识点 19：轮胎气压检查

1）车辆需停放于平地，务必在冷车时测量轮胎压力。

2）取下轮胎的气门嘴盖，将胎压计的测压嘴对准轮胎上的气门嘴垂直用力压入，压入时需要迅速，以免轮胎内的空气泄漏。

3）根据车门侧的胎压要求，并结合驾驶人的经验，确定胎压是否符合要求。如果胎压过高，该胎压计可用于放气；如果胎压过低，应立即补气至安全胎压，并重新测量查核准确胎压。

4）检查完轮胎气压后，查看是否漏气，将气门嘴的防尘帽拧上。

知识点 20：轮胎胎纹深度检查

使用轮胎花纹深度尺，可以便捷地测出轮胎是否超出安全的花纹深度。一般来说，当轮胎磨耗到胎面花纹沟深仅剩 1.6mm 时，就必须更换。这时纵贯胎面的"磨耗标记"胶条便会明显显露出来，表示应该马上更换轮胎。

检查方法为将轮胎花纹深度尺的尖端伸入轮胎胎面同一横截面的几个主花纹沟中，测量它的深度，得出一组数值，然后取其平均数。

知识点 21：润滑油（脂）的选用与加注方法

汽车常用润滑脂品种有钙基润滑脂、钠基润滑脂、锂基润滑脂、极压复合锂基润滑脂和石墨钙基润滑脂等。

润滑脂主要是用润滑脂枪进行加注。加注润滑脂应根据车辆和机械设备使用说明书的规定，选用与用脂部位操作条件相适应的润滑脂品种和牌号。

1）检查各润滑点润滑脂嘴是否完好、堵塞，所加注的润滑脂的规格是否符合规定要求。

2）打开润滑脂枪（桶）盖，将清洁合格的润滑脂倒入黄油枪（桶）内，拧紧润滑脂枪（桶）盖。

3）将润滑脂枪（加注机）加注口套入各润滑脂嘴内，来回扳动手把或打开开关，将润滑脂压进润滑脂嘴油道内，当润滑脂从配合缝隙中渗出后即可，用棉纱头擦去多余部分。

4）无润滑脂嘴的加注点，应用手指将润滑脂涂在运动件的表面或可存贮润滑脂的腔内。

知识点 22：传感器的检测

对各种电阻式传感器的检测，通常是采用测量其电阻的方法来判断其好坏，即把所测得的电阻值与其规定的标准电阻值相比较，判断传感器有无故障。若所测得的电阻值小于规定值，则说明此时传感器内部短路；若所测得的电阻值很大，则说明传感器内部断路或接触不良，应该更换传感器。

知识点 23：仪表的检测

1. 机油压力表的检测

用万用表 $R×1$ 档测量电热线圈是否有短路、断路故障。

2. 水温表的检测

用万用表 $R×1$ 档测量电热线圈阻值，标准值应为 17.5Ω。

3. 燃油表的检测

如果是电磁式仪表，用万用表 $R×1$ 档测量左、右两个线圈的电阻值。一般情况下，左线圈电阻值应为 $45\Omega±1.5\Omega$，右线圈电阻值应为 $50\Omega±1.5\Omega$。阻值过大或过小时均应更换。如果是电热式仪表，检测方法与机油压力表相同。

4. 油压传感器的检测

用万用表 $R×1$ 档测量电热式油压传感器电热线圈的电阻值，一般为 $8~12\Omega$，否则应更换。

5. 电热式冷却液温度传感器的检测

用万用表 $R×1$ 档测量其电阻值，一般为 $7~8.5\Omega$，否则应更换。

6. 可变电阻式冷却液温度传感器的检测

用万用表 $R×1$ 档测量其常温下的电阻值，应大于 100Ω，然后，将其放在热水中加温，再测量其电阻值。若电阻值随冷却液温度的升高而增大，则说明传感器良好，否则应更换。

7. 燃油表传感器的检测

燃油表一般采用的是可变电阻式，可用万用表测量其电阻值。测量时，将一根表棒与传感器的外接线柱相接，另一根表棒与传感器壳体相接。正常工作时，当浮子沉到底时，阻值应为最小（或最大）；随着浮子的抬升，阻值应逐渐上升（或下降），否则应更换传感器。

8. 发动机转速表的检测

如果仪表不工作，首先要检查熔丝是否工作正常，其次，检查是否有线头脱落、松动，搭铁是否正常。

知识点 24：喇叭功能检查方法

汽车电喇叭是靠金属膜片的振动而发出声音的。汽车电喇叭由铁心、磁性线圈、触点、衔铁、膜片等组成。当驾驶人按下喇叭开关时，电流经触点通过线圈，线圈产生磁力吸下衔铁，强制膜片移动，衔铁移动使触点断开，电流中断，线圈磁力消失，膜片在自身弹性和弹簧片作用下同衔铁一起恢复原位，触点闭合电路再次接通，电流通过触点流经线圈产生磁力，重复上述动作。如此反复循环膜片不断振动，从而发出声音。

按喇叭开关，如果喇叭有时响、有时不响，多是喇叭开关内部的触点接触不好，也有可能是喇叭本身的问题。

喇叭声音沙哑，多是由于插头接触不良，特别是转向盘周围的各个触点，由于使用频繁，容易使触点出现磨损。

喇叭完全不响，首先检查熔丝是否熔断，然后拔下喇叭插头，用万用表测量在按喇叭开关时此处是否有电。如果没有电，应检查喇叭线束和喇叭继电器；如果有电，则是喇叭本身的问题，此时也可以试着调节喇叭上的调节螺母看是否能发声，如果还是不响，则需要更换喇叭。

另外，在使用汽车喇叭时要注意：

1）洗车时切记防止喇叭被淋湿，发现喇叭进水要尽快用风枪吹干。

2）尽量不要经常长时间按喇叭，这样容易造成喇叭触点过早烧蚀。

3）喇叭出现故障尽量寻求专业维修技师帮助，不要盲目更换喇叭，容易造成不必要的浪费。

知识点 25：刮水器功能检查方法

刮水器的功能是为了清除风窗玻璃上的细小污物或在下雨天保持良好的视野。为了适应不同的天气，刮水器有不同的档位可供选择。

使用刮水器时，钥匙应打到"ON"的状态：

1）1档：INT 是间歇档，刮水器低速间歇式工作。对于一些型号的刮水器，其间歇时间可以调节，当刮水器杆在间歇位置上时，"INT TIME"环可用来调节刮扫的时间间隔。将环向上转可增加刮拭时间间隔，将环向下转可减少刮拭时间间隔。

2）2档：LO 是低速档，刮水器低速连续工作。

3）3档：HI 是高速档，刮水器高速连续工作。

4）把控制杆上推，则是 MIST 除雾档，刮水器点动工作一次。

刮水器主要检查与维护项目有：

1）检查刮水器在各档位下工作是否正常。

2）检查刮水器在各档位下的刮水效果，不得有条纹式水痕或刮拭不彻底现象。

3）检查当刮水器开关关闭时，刮水器是否停止在其停止位置。

知识点 26：中控门锁功能检查方法

1. 工作原理及组成

中控门锁的工作原理是将电能转化为机械能，用电动机带动齿轮转动来开关车门。其主要由门锁开关、门锁执行机构、门锁控制器组成。

1）门锁开关：大多数中控门锁的开关由总开关和分开关组成。总开关装在驾驶人身旁的车门上，总开关可将全车所有车门锁住或打开；分开关装在其他各车门上，可单独控制一个车门。

2）门锁执行机构：门锁执行机构受门锁控制器控制，执行门锁的锁定和开启任务。其主要有电磁式、直流电动机式和永磁电动机式三种结构。

3）门锁控制器：为门锁执行机构提供锁/开脉冲电流的控制装置，具有控制执行机构通电电流方向的功能，同时为了缩短工作时间，具有定时的功能。按其控制原理大体可分为晶体管式、电容式和车速感应式三种。

2. 遥控原理

中控门锁的无线遥控功能是指不用把钥匙键插入锁孔中就可以远距离开门和锁门。

遥控的基本原理：从车主身边发出微弱的电波，由汽车天线接收该电波的信号，经电子控制单元（ECU）识别信号代码，再由该系统的执行器（电动机或电磁线圈）执行启、闭锁的动作。

3. 功能检查方法

（1）中央控制　驾驶人锁住身边的车门时，其他车门也同时锁住。驾驶人通过门锁开关可同时打开各个车门，也可单独打开某个车门。

（2）速度控制　行车速度达到一定值时，各个车门能自行锁定。

（3）单独控制　除驾驶人身边车门以外的其他车门，设置有单独的弹簧锁开关，可独立地控制一个车门的打开和锁定。

知识点 27：电动后视镜功能检查方法

1. 组成

电动后视镜的背后装有两套电动机和驱动器，可操纵后视镜上下及左右转动。通常上下方向的转动由一个电动机控制，左右方向的转动由另一个电动机控制。通过改变电动机的电流方向，即可完成后视镜的上下及左右调整。

有的电动后视镜还带有伸缩功能，由伸缩开关控制伸缩电动机工作，使整个后视镜回转伸出或缩回。

2. 工作过程及调整方法

电动后视镜在进行调整时，首先通过左/右调整开关选择要调整的后视镜。例如调整左侧后视镜时，开关打向左侧，此时开关分别与两个接点接通，再通过控制开关即可进行该镜的上下或左右调整。如果要向上调整，可将控制开关推向上侧，此时控制开关分别与向上接点、左上接点结合，左侧后视镜上下调整电动机运转，完成调整过程。

电动后视镜的伸缩是通过电动后视镜开关上的伸缩开关控制的，该开关控制继电器动作，使左、右后视镜伸缩电动机工作，来完成伸缩功能。

检查电动后视镜功能时，如果电动后视镜都不工作，往往是由保险装置或电源线路、搭铁线路断路引起的，也可能是控制开关有故障。可以先检查保险装置是否正常，然后检查控制开关线头有无脱落、松动，电源线路或搭铁线路是否正常，最后检查控制开关。

如果电动后视镜部分功能不正常，往往是由于个别电动机及控制开关对应部分有故障，或对应线路断路、接触不良等引起。可以先检查线路连接情况，再检查开关和电动机。

知识点 28：电动座椅功能检查方法

1. 组成

电动座椅的整个系统一般由双向电动机、传动装置和座椅调节器等组成。传动装置包括变速器、联轴装置和电磁阀。座椅调节器由螺旋千斤顶和齿轮传动机构组成。电动机和变速器之间装有联轴器，传动装置和座椅调节器之间用软轴连接。

2. 工作过程及检查方法

电动机大都采用体积小、功率大的永磁型电动机，一般由装在左座侧板上或左门扶手上的开关控制，开关可使某一电动机按不同方向运动。开关接通后，电动机的动力通过齿轮、驱动轴使软轴转动，再驱动座椅调节器运动。当调节器到达行程终点时，软轴停止转动，如果此时电动机仍在转动，其动力将被橡胶联轴器所吸收，用来防止座椅卡住时电动机过载损坏。当控制开关断电后，回位弹簧能使电磁阀柱塞和爪形接头分离，使其回到原来位置。为了防止电动机过载，大多数永磁型电动机内装熔丝。电动机的数量取决于电动座椅的类型，通常两向移动座椅安装四个电动机，电动座椅最多可使用八个电动机。

电动座椅可通过调节开关来完成不同的调节功能。如果电动座椅完全不动作，往往是由于熔断器断路、线路断路、座椅开关有故障。可以首先检查熔断器是否断路，其次检查线路连接是否正常，最后检查开关。

如果电动座椅某个方向不能工作，往往是由于该方向对应的电动机损坏、开关或连接导线断路。可以先检查线路是否正常，再检查开关和电动机。

知识点 29：对空调系统的要求

1) 各部件及管路安装连接牢固。
2) 电气线路布置整齐、固定可靠，与高温、活动部件无接触。
3) 各部件应干净、整齐、无损伤。
4) 各控制开关扳动灵活，无异常声响。
5) 各传动机构活动自如，无卡滞现象。用手扳动冷凝风扇应轻便，无摩擦。
6) 制冷效果好。

知识点 30：空调的检查方法

1. 直观检查

检查空调出风口的出风量，如果出风量不足，检查进风滤清器，如有杂物将其清除；听压缩机附近是否有非正常的响声，如果有，检查压缩机的安装情况；检查冷凝器散热片上是否有脏物覆盖，如有脏物将其清除；检查制冷循环系统的各连接处是否有油渍，如果有油渍，说明该处泄漏，应紧固该连接处或更换该处的零件；将鼓风机开至低、中、高档，听鼓风机处是否有杂音，检查鼓风机是否运转正常，如果有杂音或运转不正常，应更换鼓风机（鼓风机进入异物或安装有问题也会引起杂音或运转不正常，所以在更换之前要仔细检查）。

2. 检查制冷剂的数量

检查制冷剂的数量有两种方法，一种是通过系统中安装的视液镜检查，另一种是通过检测系统压力检查。

（1）通过视液镜检查制冷剂的数量　检查条件：发动机转速为 1500r/min；鼓风机速度控制开关处于"高"位；空调开关打开；温度选择器为"最凉"；完全打开所有车门。

检查制冷剂的数量：

1）正常：几乎没有气泡，说明制冷剂量正常。

2）不足：有连续的气泡，说明制冷剂量不足。

3）空或过量：看不到气泡，说明制冷剂储藏罐是空的或制冷剂过量。

（2）通过检测系统的压力检查制冷剂的数量　连接歧管压力表，将歧管压力表的高低压开关全部关闭；把加注软管的一端和歧管压力表相连，另一端和车辆的维修阀门相连；蓝色软管与低压侧连接，红色软管与高压侧连接。

注意：连接时，用手而不要用任何工具紧固加注软管；如果加注软管的连接密封件损坏，则更换密封件；由于低压侧和高压侧的连接尺寸不同，连接软管时不要装反；软管和车辆的维修阀门连接时，把快速接头接到维修阀门上并滑动，直到听到"咔嗒"声；和多功能表连接时，不要弄弯管道。

检查制冷系统的压力：起动发动机，在空调运行时检查歧管压力表所显示的压力。规定压力读数：低压侧为 0.15~0.25MPa（1.5~2.5kgf/cm^2），高压侧为 1.37~1.57MPa（14~16kgf/cm^2）。多功能表所示压力随外部空气温度而有轻微的变化。

3. 检查制冷剂的泄漏情况

用电子检漏仪或肥皂水检查系统管路连接处及各部件是否泄漏。

4. 空调制冷功能的检查

空调制冷功能的检查车型不同，检查的方法也有所差异，下面以丰田轿车为例介绍检查的方法（不同车型的检查方法，可参照该种车型的修理手册）。

将车放在荫凉处，预热发动机到正常温度，将车门全部打开，气流选择为面部出风，进风选择为内循环，鼓风机速度选择最大，温度选择最冷，在发动机转速为 1500r/min 的情况下开启 A/C 开关，5~6min 后测试进风口的湿度和温度及出风口的温度。用进风口处的干、湿球温度查出相对湿度，再算出进风口和出风口的温度差。查表，判断是否在可接受范围内。如果在其范围内，则说明制冷性能良好。

知识点 31：蓄电池的外部维护与检查

1）首先观察蓄电池外部有无电解液渗漏现象，以确定其外壳有无破裂之处。若有，应进行修理或更换。

2）用清水对蓄电池进行冲洗，保持其外部清洁，以防止表面脏污而导致蓄电池自放电。

3）清除极柱桩头上的脏物和氧化物，擦净连接线外部及夹头，清除安装架上的脏物。

4）检查加液孔盖通气孔是否畅通。

5）检查蓄电池的固定状况。蓄电池在车上安装得是否牢固，导线、夹头与两极接线柱的连接是否紧固。

知识点 32：检查电解液液面高度

汽车每行驶 1000 km 或冬季行驶 10~15 天，夏季行驶 5~6 天，就应对电解液液面高度进行检查。其检查方法如下：

1. 玻璃试管测量法

用一根内径为 6~8mm、长约 150mm 的玻璃管，垂直插入加液口内，直至极板边缘为止，然后用拇指压紧管上口，用食指和无名指将玻璃管夹出，玻璃管中电解液的高度即为蓄电池内电解液高出极板的高度，正常应为 10~15mm，最后再将电解液放入原单格电池中。

2. 液面高度示线观察法

透明塑料外壳的蓄电池上均刻有（或印有）两条指示线，表示上限和下限。标准的电解液高度应介于两条指示线之间，否则应进行调整。

3. 图标标记观察法

许多新式蓄电池在加液孔盖或蓄电池壳体上制有各种图示标记和说明，检查时可根据其图示形状或颜色的变化来判断液体的量和存电量。

三、练习题

（一）选择题

1.汽车维护是指为维持汽车完好的技术状况或（　　）而进行的作业。
　　A.爬坡能力　　　B.载重能力　　　C.运行能力　　　D.工作能力

2.《汽车运输业车辆技术管理规定》将车辆维护分为（　　）、一级维护、二级维护。
　　A.日常维护　　　B.基本维护　　　C.大修维护　　　D.不定期维护

3.更换发动机机油时，机油量应位于（　　）。
　　A.油标尺上、下刻线之间　　　　B.油标尺上刻线之上
　　C.油标尺下刻线之下　　　　　　D.油标尺上、下刻线之外

4.一级维护质量保证里程为（　　），或从出厂之日起2天内。
　　A.300km　　　　B.200km　　　　C.250km　　　　D.500km

5.更换滤清器滤芯时，起动发动机使之运转，待达到正常的工作温度（80℃以上），然后将发动机熄火，（　　）状态下放出油底壳和滤清器内的机油。
　　A.热车　　　　　B.凉车　　　　　C.低温　　　　　D.略低温

6.检查冷却液时，如果冷却液变得污浊或充满水垢，应将冷却液量的（　　）放掉并清洗冷却系统。
　　A.1/2　　　　　B.1/3　　　　　C.全部　　　　　D.2/3

7.活塞连杆组由活塞、活塞环、（　　）、连杆组成。
　　A.活塞裙　　　　B.活塞头　　　　C.活塞销　　　　D.活塞尾

8.发动机工作时，曲轴正时齿轮带动（　　），使凸轮轴转动。
　　A.传动带　　　　B.曲轴正时齿轮　　C.凸轮轴正时齿轮　　D.飞轮

9.二级维护过程中要进行（　　）。
　　A.检测　　　　　B.过程检验　　　C.维修　　　　　D.润滑

10.发动机紧固作业过程中，紧固气缸盖螺栓时要求（　　）交叉均匀拧紧到规定的拧紧力矩。
　　A.自中间向两端　　　　　　　　B.自两端向中间
　　C.自一端向另一端　　　　　　　D.任意顺序

11.在发动机清洁作业中，检查油量时应检查油质的好坏，如果已失效或变质则应（　　）。
　　A.加注新油　　　B.更换新油　　　C.减少油量　　　D.更换旧油

12.清洗陶瓷滤芯时，在一般情况下，先将滤芯放入（　　）中煮10min，用压缩空气吹净，再用煤油或汽油清洗，最后用压缩空气吹干。
　　A.煤油或汽油　　B.清洁汽油　　　C.沸水　　　　　D.压缩空气

13. 双片离合器有（　　）个摩擦片。
   A. 1　　　　　　B. 2　　　　　　C. 3　　　　　　D. 4
14. 拉动转向盘，上下应无间隙，且转动灵活，其转矩一般应（　　）。
   A. 大于 0.6N·m　B. 小于 0.6N·m　C. 大于 0.8N·m　D. 小于 0.8N·m
15. 汽车维护是指为维持汽车完好技术状况或工作能力而进行的作业，应贯彻（　　）的原则。
   A. 预防为主、强制维护　　　　B. 维护为主、强制预防
   C. 预防为次、强制维护　　　　D. 预防为主、提倡维护
16. 一级维护工艺过程的第一个环节是（　　）。
   A. 填写汽车技术档案　　　　　B. 进厂
   C. 作业　　　　　　　　　　　D. 竣工检验
17. 更换发动机机油后，起动发动机，滤清器处（　　）机油泄漏。
   A. 有少量　　　　B. 无　　　　C. 有大量　　　　D. 允许少许
18. 更换发动机机油时，将汽车停放于（　　）上，在前、后车轮外垫上止滑块。
   A. 平坦场地　　　B. 30°斜坡　　C. 45°斜坡　　　D. 倾斜场地
19. 检查空气滤清器时，应检查滤芯（　　）污染程度并进行清洁。
   A. 外侧　　　　　B. 中部　　　　C. 内侧　　　　　D. 下侧
20. 补充冷却液时，待发动机（　　）后，用抹布裹着散热器盖将其打开，添加冷却液至规定位置。
   A. 常温后　　　　B. 冷却　　　　C. 高温　　　　　D. 高温后
21. （　　）的作用是密封活塞和气缸壁的缝隙，防止气体漏入曲轴箱，同时还将活塞顶部的热量传给气缸壁。
   A. 活塞环　　　　B. 活塞头　　　C. 气环　　　　　D. 油环
22. 汽车维护的目的在于保持车容整洁，（　　）故障隐患，防止车辆早期损坏，从而达到基本要求。
   A. 及时发现和消除　　　　　　B. 提前发现和消除
   C. 事后发现和消除　　　　　　D. 事故中发现和消除
23. 一级维护工艺过程的第二个环节是（　　）。
   A. 填写汽车技术档案　　　　　B. 进厂
   C. 作业　　　　　　　　　　　D. 竣工检验
24. 一级维护竣工检验技术要求中，转向器、变速器、驱动桥的润滑油位，应在检视口下沿（　　）处（车辆处于停驶状态）。
   A. 0~15mm　　　B. 0~25mm　　C. 0~35mm　　　D. 5~35mm
25. 起动发动机，急速运转数分钟，停机 30min 后，用油标尺检查机油油位是否

在（　　）之间，不足时应补加。

A. 1/4~2/4　　　　　　　　　B. 2/4~4/4

C. 1/4~3/4　　　　　　　　　D. 1/4~4/4

26. 安装空气滤清器时，必须可靠地装好滤芯，（　　）用手或器具接触滤芯的纸质部分，尤其不能让油类污染滤芯。

A. 应该　　　　B. 可以　　　　C. 不宜　　　　D. 紧急情况可以

27. 按照车辆使用说明书的要求，一般制动液的更换周期为车辆行驶（　　）km。

A. 20000~40000　　B. 20000~30000　　C. 30000~40000　　D. 40000~80000

28. 在检查电解液密度和液面高度时，不要将仪器提得过高，以免（　　）。

A. 测量不准　　　　　　　　B. 电解液滴溅在人体上

C. 仪器损坏　　　　　　　　D. 读数困难

29. 在检查清洁电器元件之前应将点火开关关闭，并卸下（　　）。

A. 蓄电池连接导线　　　　　B. 电器元件

C. 所有导线　　　　　　　　D. 所有用电设备

30. 在检查、清洁电器元件时应注意，（　　）用汽油清洗电器元件。

A. 可以　　　　B. 偶尔可以　　C. 必须　　　　D. 不许

31. 火花塞的间隙应在（　　）之间。

A. 0.5~0.7mm　　　　　　　B. 0.6~0.8mm

C. 0.7~0.9mm　　　　　　　D. 0.8~1.0mm

32. 下列不属于电气设备一级维护作业内容的是（　　）。

A. 检查灯光、仪表、信号装置　　B. 喇叭信号不需要检查

C. 灯光信号齐全有效　　　　　　D. 仪表信号齐全有效

33. 检查蓄电池液面高度时，应用一根内径为（　　）、长约150mm的玻璃管，垂直插入加液口内。

A. 6~8mm　　　　B. 5~7mm　　　　C. 4~6mm　　　　D. 3~5mm

34. 电解液液面过低时，应及时补充（　　）。

A. 蒸馏水　　　B. 自来水　　　C. 电解液　　　D. 井水

35. 在蓄电池维护过程中，禁止将（　　）放在蓄电池壳体上。

A. 抹布　　　　B. 塑料　　　　C. 金属物　　　D. 陶瓷

36. 拆卸蓄电池电缆时应先拆（　　）极，再拆（　　）极。安装时先装（　　）极，后装（　　）极。

A. 正、负、正、负　　　　　B. 负、正、正、负

C. 正、负、负、正　　　　　D. 负、正、负、正

37. 安装火花塞时应（　　）用手拧上几圈，然后再用火花塞套筒拧紧。

A. 慢慢　　　　B. 迅速　　　　C. 用力　　　　D. 轻微

38. 下列不属于电气设备一级维护作业内容的是（　　）。

A. 检查蓄电池液面高度　　　　B. 补充蒸馏水

C. 检查通气孔塞　　　　D. 检查清除电桩及夹头氧化物

39. 清洁蓄电池外部时，检查蓄电池壳体，应无开裂和损坏现象，极柱和夹头应无烧损现象，否则应（　　）。

A. 将蓄电池从车上拆下更换　　　　B. 将蓄电池放置一段时间再使用

C. 将蓄电池从车上拆下修复　　　　D. 将蓄电池在车上修复

40. 电解液调整液面之后应对蓄电池充电（　　）以上，以便使加入的蒸馏水能够与原电解液混合均匀。

A. 0.4h　　　　B. 0.5h　　　　C. 0.6h　　　　D. 0.7h

41. 在蓄电池维护过程中，蓄电池应轻搬轻放，不可歪斜，以防（　　）。

A. 电解液泼出　　B. 正负极板接触　　C. 栅架损坏　　D. 透气口堵塞

42. 在配制电解液时，应使用（　　）容器，将硫酸慢慢地倒入水中，绝对禁止将水倒入硫酸中。

A. 金属　　　　B. 塑料　　　　C. 木质　　　　D. 玻璃

43. 在检查、清洁电器元件时应注意，蓄电池搭铁极性必须与（　　）搭铁极性一致。

A. 起动机　　　　B. 用电设备　　　　C. 发电机　　　　D. 导线

44. 点火系统中火花塞的性能应良好，电极呈（　　）色，无积炭。

A. 银白　　　　B. 灰白　　　　C. 亮白　　　　D. 纯白

45. 蓄电池电解液液面应高出极板（　　）mm，通风孔畅通，接头牢固。

A. 10~15　　　　B. 12~17　　　　C. 13~16　　　　D. 14~17

46. 疏通蓄电池加液口盖通气孔时，将其清洗干净。安装时，在极柱和夹头上涂（　　）。

A. 一薄层汽车润滑油　　　　B. 一薄层工业酒精

C. 一薄层工业润滑油　　　　D. 一薄层工业凡士林

47. 不属于检查、清洁发电机操作步骤的是（　　）。

A. 检查发电机的传动带松紧度是否符合要求

B. 检查发电机的传动带是否破损

C. 检查发电机的风扇水平度是否符合要求

D. 检查发电机传动带轮是否安装牢固

48. 清洁起动机时，首先要（　　）。

A. 拆下连接驱动端盖与后端盖上的两个长螺栓

B. 旋松防尘箍紧固螺钉

C. 拆下驱动端盖上固定拨叉的螺钉

D. 拆下电磁开关固定螺钉

49. 喇叭通常固定在缓冲支架上，缓冲支架与固定支架之间装有（   ）等物质，拆卸时不要丢失。

A. 橡胶垫　　　　B. 普通垫片　　　　C. 锁止垫片　　　　D. 弹簧垫片

50. 更换齿轮油时，应先起动车辆，运转或行驶一定距离，其目的是（   ）。

A. 检验汽车的性能　　　　　　　B. 检查汽车变速器的好坏

C. 检查汽车消耗的机油量　　　　D. 使变速器齿轮油升温

（二）判断题

（   ）1. 汽车一级维护由驾驶人负责实施。

（   ）2. 更换机油时在冷车状态下进行。

（   ）3. 检查 V 带张紧度时，V 带挠度应为 10~15mm。

（   ）4. 根据制动液的组成和特性，制动液一般分为醇型、醇醚型、脂型、矿油型和硅油型五种。

（   ）5. 车辆齿轮油分为七个黏度牌号。

（   ）6. 一般转向盘自由行程为 20°~55°。

（   ）7. 检查电解液密度和液面高度时，应将仪器提得高一些。

（   ）8. 拆卸蓄电池电缆时应先拆负极，再拆正极。

（   ）9. 火花塞的间隙应在 0.7~0.9mm 之间。

（   ）10. 蓄电池初充电结束后，电解液的密度及液面高度需调整到规定值，并应再进行 0.5h 的充电。

（   ）11. 清除火花塞积炭时，应用火焰烧烤。

（   ）12. 在安装火花塞时，不可以在火花塞螺纹上涂抹一点机油。

（   ）13. 醇醚型和脂型制动液是目前广泛应用的主要品种。

（   ）14. 各种制动液可以混用。

（   ）15. 调整火花塞间隙时，只能弯动旁电极，不能弯动中央电极。

（   ）16. 在检查清洁电器元件之前应将点火开关关闭，并卸下蓄电池连接导线。

（   ）17. 普通冷却液应每 6 个月更换 1 次。长效防锈冷却液一般两年更换 1 次。

（   ）18. 八缸以上的发动机常采用 V 型排列。

（   ）19. 更换制动液的周期一般为车辆行驶 2 年。

（   ）20. 禁止将油料容器及各种金属物放在蓄电池壳体上。

（   ）21. 良好的火花塞的电极呈现灰白色，无积炭。

（   ）22. 补充电解液时可以添加自来水，但不可以添加河水或井水。

（   ）23. 火花塞的电极呈现灰白色，而且没有积炭，则表明该火花塞工作正常。

（　　）24. 火花塞外电极与中央电极应略成直角。

（　　）25. 在配制电解液时，应将水倒入硫酸中。

四、参考答案及解析

（一）选择题

1. D　汽车维护是指为维持汽车完好的技术状况或工作能力而进行的作业。

2. A　《汽车运输业车辆技术管理规定》将车辆维护分为日常维护、一级维护和二级维护三个等级。

3. A　发动机机油量应位于油标尺上、下刻线之间。更换机油后，起动发动机，滤清器处应无机油泄漏。

4. A　汽车一级维护质量保证里程为300km，或从出厂之日起2天内。

5. A　更换发动机机油需要在热车的状态下进行，使机油黏度降低，保证机油能彻底地全部放出。温度低的情况下，机油的黏度高，不能保证机油全部放出。

6. C　发动机新冷却液不能和旧的冷却液互相掺和，更换冷却液时，必须全部放掉旧的冷却液，而且要清洗冷却系统。

7. C　活塞连杆组由活塞、活塞环、活塞销、连杆组成，如图3-3所示。

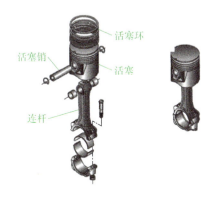

图3-3　活塞连杆组的组成

8. C　配气机构中，凸轮轴的传动形式有齿轮传动、链条传动和同步带传动三种。

齿轮传动多用于下置式凸轮轴的驱动，如图3-4所示。汽油机用一对正时齿轮传动。柴油机凸轮轴与曲轴中心距较大，需加入中间惰轮传动。正时齿轮都用斜齿轮并用不同材料制成，以减小噪声和磨损。

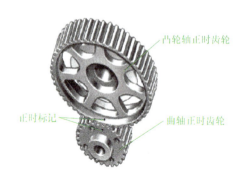

图 3-4 齿轮传动

9. B 汽车二级维护前要进行检测，汽车进厂后，根据汽车技术档案的记录资料（包括车辆运行记录、维修记录、检测记录、总成修理记录等）和驾驶人反映的车辆使用技术状况（包括汽车动力性、异响、转向、制动及燃料、机油消耗等）确定所需检测项目，依据检测结果及车辆实际技术状况进行故障诊断，从而确定附加作业。

10. A 发动机紧固作业过程中，紧固气缸盖螺栓时用原厂规定的力矩分 2 次或 3 次逐渐拧紧螺栓。螺栓拧紧顺序如图 3-5 所示。

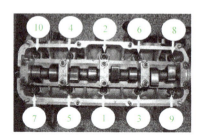

图 3-5 螺栓拧紧顺序

11. B 在发动机清洁作业中，检查油量时应检查油质的好坏，如已失效或变质则应更换新油。

12. C 清洗陶瓷滤芯时，在一般情况下，先将滤芯放入沸水中煮 10min，用压缩空气吹净，再用煤油或汽油清洗，最后用压缩空气吹干。

13. B 双片离合器是相对于一般的离合器片而言的，双片离合器从动盘由两个离合器片组成。同样，多片离合器的从动盘由多个离合器片组成。

14. C 拉动转向盘，上下应无间隙，且转动灵活，其转矩一般应大于 0.8N·m。

15. A 汽车维护应贯彻"预防为主、强制维护"的原则。

16. A 本题主要是考核汽车一级维护工艺过程，如图 3-6 所示。

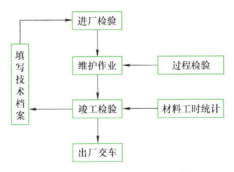

图 3-6　汽车一级维护工艺过程

17. B　更换机油后，起动发动机，滤清器处应无机油泄漏。

18. A　更换发动机机油时，场地应平坦，这样能够保证机油全部放净。

19. C　检查空气滤清器时，应检查滤芯内侧污染程度并进行清洁。

20. B　补充冷却液时，发动机必须冷却下来。有温度时，打开散热器盖容易烫伤，而且冷却系统里有热气压，热的冷却液容易飞溅出来，伤及面部。

21. C

22. A

23. B　解析同 16。

24. A

25. B

26. C　安装空气滤清器时，不得用手或器具接触滤芯的纸质部分。用手或器具接触滤芯的纸质部分，容易造成损坏。

27. A　一般制动液的更换周期为车辆行驶 20000~40000km。

28. B　蓄电池分为酸性电池和碱性电池两种。酸性电池，介质电解液为纯净的硫酸溶液，在极板上的主要成分是铅，因此又可称为铅酸蓄电池；碱性电池，介质电解液为纯净的氢氧化钠或氢氧化钾溶液，而极板上的主要成分是镍，它分为铁镍蓄电池和镉镍蓄电池。

在蓄电池维护过程中，应注意安全，防止电解液溅到人的身体上。

29. A　在检查清洁电器元件之前应将点火开关关闭，并卸下蓄电池连接导线；否则，沾上水后容易造成短路。

30. D　用汽油清洗电器元件，容易腐蚀。

31. C

32. B　电气设备一级维护内容如下：

1）检查蓄电池液面高度，补充蒸馏水；检查通气孔塞；检查清除电桩及夹头氧化物。

2）蓄电池电解液液面应高出极板 10~15mm，通风孔畅通，接头牢固。

3）检查灯光、仪表、信号装置。

4）灯光、仪表、喇叭、信号齐全有效。

33. A。

34. A 电解液液面过低时，应及时补充蒸馏水。自来水或井水等有杂质，属于硬水，不能补充电解液。

35. C 金属物放在蓄电池上容易造成短路。

36. B。

37. A 开始安装火花塞时，应慢慢用手拧上几圈，主要是防止螺纹没有对齐，造成螺纹损坏，最后密封不严。然后再用火花塞套筒拧紧。

38. D 解析同32。

39. C。

40. B。

41. A。

42. D 电解液是硫酸，应使用玻璃容器。

43. C 蓄电池与发电机都是车上的电源，发动机起动时，蓄电池向各设备进行供电。发动机起动后，发电机向各用电设备供电，因此，两者的极性必须一致。

44. B 火花塞故障主要表现为火花塞积炭、油污和过热等现象。

火花塞积炭：绝缘体端部、电极及火花塞壳常覆盖着一层相当厚的黑灰色粉状柔软的积垢。

火花塞油污：绝缘体端部、电极及火花塞壳覆盖一层机油。

火花塞过热：中心电极熔化，绝缘体顶部疏松、松软，绝缘体端大部分呈灰白色硬皮。

性能良好的火花塞应该是电极呈灰白色，无积炭。

45. A 本题主要是考核电气设备一级维护作业内容，解析同32。

46. D 本题主要是考核蓄电池维护作业内容：疏通蓄电池加液口盖通气孔时，将其清洗干净；安装时，在极柱和夹头上涂一薄层工业凡士林。

47. C 本题主要是考核发电机维护作业内容。检查、清洁发电机操作步骤是：检查发电机的传动带松紧度是否符合要求；检查发电机的传动带是否破损；检查发电机传动带轮是否安装牢固。

48. B 本题主要是考核起动机维护作业内容：清洁起动机时，首先要旋松防尘箍紧固螺钉。

49. A 本题主要是考核喇叭维护作业内容。缓冲支架与固定支架之间装有橡胶垫等物质。

50. D 本题主要是考核齿轮油的更换注意事项。更换齿轮油，应先起动车辆，运转或行驶一定距离，其目的是使变速器齿轮油升温，黏度降低，更换彻底。

（二）判断题

1. ×　本题主要是考核一级维护周期。汽车每行驶 2000~3000km，必须进行一次一级维护，由专业维修工负责实施。

2. ×　本题主要是考核更换机油的注意事项。更换机油时应在热车状态下进行，保证机油彻底地放出来。

3. √　本题主要是考核发动机传动带的检查维护。检查 V 带张紧度时，V 带挠度应为 10~15mm。

4. √。

5. √　本题主要是考核车辆齿轮油的分类。车辆齿轮油分为七个黏度牌号，见表 3-1。

表 3-1　齿轮油的分类

黏度牌号	达到 150Pa·s 的最高温度 /℃	100℃时运动黏度 /（mm^2/s）	
		最低	最高
70W	-55	4.1	—
75W	-40	4.1	—
80W	-26	7.0	—
85W	-12	10	—
90	—	13.5	24.0
140	—	24.0	40
250	—	40	—

6. ×　本题主要是考核转向盘自由行程的概念。转向盘自由行程是指不使转向轮发生偏转而转向盘所能转过的角度。转向盘从相应于汽车直线行驶的中间位置向任何一方向的自由行程不应超过 10°~15°，当超过 25°~30° 时，必须及时进行调整。

7. ×　本题主要是考核蓄电池的维护注意事项。检查电解液密度和液面高度时，应将仪器提得低一些，防止液滴滴落，溅到身上，受到灼伤。

8. √　本题主要是考核蓄电池的拆装注意事项。拆卸蓄电池电缆时应先拆负极，再拆正极。

9. √　本题主要是考核火花塞的结构。火花塞的间隙一般在 0.7~0.9mm 之间。

10. √　蓄电池初充电结束后，电解液的密度及液面高度需调整到规定值，并应再进行 0.5h 的充电，使电解液混合均匀。

11. × 本题主要是考核火花塞的维护注意事项。清除火花塞积炭时，用火烧的办法是不正确的。因为明火的温度难以掌控，极易烧裂绝缘体裙部，造成漏电现象。正确的清除方法有两种：一是由 4S 店用专门的设备清理；二是用溶液来清洁，即将火花塞置入煤油或汽油中浸泡 5~10min，软化积炭后用毛刷刷净晾干，切不可图快捷方便用砂纸或金属刀具刮削。

12. × 安装火花塞时，先用手抓住火花塞的尾部，对准火花塞孔，用手拧上几圈，然后再用火花塞套筒拧紧。如果用手拧入感觉困难或费力，应把火花塞取下来，再试一次，千万不要勉强拧入，以免损坏螺纹孔。为使火花塞安装顺利，可以在火花塞螺纹上涂抹一点机油。

13. √ 根据制动液的组成和特性，一般分为醇型、醇醚型、脂型、矿油型和硅油型五种。其中醇醚型和脂型统称为合成型，是目前广泛应用的主要品种。醇型制动液已被淘汰，矿油型制动液未被我国推广使用，硅油型制动液价格昂贵，目前难以推广使用。

14. × 由于不同种类的制动液所使用的原料、添加剂和制造工艺不同，混合后会出现浑浊或沉淀现象，如不注意观察是很难发现的。这不仅会大大降低原制动液的性能，而且沉淀颗粒会堵塞管路造成制动失灵的严重后果。即使是相溶性较好的同一种类的制动液，如果品牌不同，也不能混用。因为相溶性好只说明与其他产品混合后不发生分层、混浊及沉淀现象，并不表示混合后的性能不变，每种产品所加入的添加剂不同且相互之间存在着相对平衡，一旦混入其他物质，该平衡就有被破坏的可能，从而失去或降低应有的作用。因此，在更换制动液品牌时一定要用新加入的产品先清洗管路。

15. √ 本题主要考核火花塞的维护注意事项。调整火花塞间隙时，只能弯动旁电极，不能弯动中央电极。

16. √ 本题主要考核电器线路的检查与维护。在检查清洁电器元件之前应将点火开关关闭，并卸下蓄电池连接导线，否则容易造成线路短路，烧毁电器元件。

17. √ 本题主要考核冷却液的更换注意事项及要求。普通冷却液应每 6 个月更换 1 次，长效防锈冷却液一般两年更换 1 次。

18. √ 本题主要考核气缸体的分类。八缸以上的发动机常采用 V 型排列，目的是减小发动机的体积。

19. √ 本题主要考核制动液的更换周期。更换制动液的周期一般为车辆行驶 2 年或 20000~40000 千米。

20. √ 本题主要考核蓄电池的维护。在清洁蓄电池时，禁止将油料容器及各种金属物放在蓄电池壳体上，以免短路。

21. √ 本题主要考核火花塞的维护。良好的火花塞的电极呈现灰白色，无积炭。

22．×　本题主要考核蓄电池的维护。要定期检查、调整电解液液面，普通铅蓄电池液面高度应高出防护板10~15mm，干荷电型和免维护型蓄电池液面高度应达到外壳液面指示的高度，无液面指示的蓄电池液面应超过防护板15~20mm。电解液不足时应补加蒸馏水，不能用自来水、井水、河水等替代。

23．√　本题主要考核火花塞的维护。火花塞的电极呈现灰白色，而且没有积炭，则表明该火花塞工作正常。

24．√　本题主要考核火花塞的结构。火花塞外电极与中央电极略成直角。

25．×　本题主要考核蓄电池的维护。配制电解液时，应将硫酸倒入水中。如果将水倒入硫酸中，会产生大量的热，使倒入的水沸腾，直接汽化，带出浓硫酸，溅射到身上。

模块二 发动机检修

一、考核范围

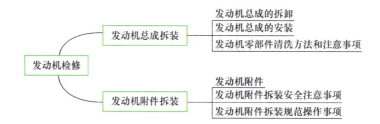

二、考核要点详解

知识点 1：发动机总成的拆卸

下面以桑塔纳 3000 汽车（带 AYJ 发动机）为例，叙述发动机总成的拆卸过程。具体操作步骤如下：

1. 车辆准备

1）汽车进入工位前，将工位清理干净，准备好相关器材。

2）套上转向盘护套、变速杆套和座位套，铺设脚垫。

3）正确停放车辆，在车轮处放置车挡块。

4）打开发动机舱盖，安装磁性护垫。

5）清洁发动机舱并对燃油油路进行泄压处理。

2. 汽车举升

1）将车辆停放在举升器内。

2）使举升器的四个举升臂分别与车辆前后支撑点相接触。

3）举升车辆，当车辆被举升至四个轮胎刚离开地面时，用手摇动车身，检查车辆支撑是否牢固可靠。

4）将车辆举升到所需高度后，检查各支点的固定情况，确认安全后再进行其他作业。

5）在拆装过程中，根据需要随时调整举升高度。

注意：下降时应先确认车辆不会压到人和其他物体。

3. 拆卸散热器及冷却系统附件

1）关闭点火开关，拆下蓄电池的搭铁线。

2）旋开冷却系统中的膨胀水箱盖。

3）拆下油底壳下部的导流板固定螺栓，拆下导流板。

4）在发动机底部放置冷却液收集器。

5）松开散热器下橡胶水管抱箍，拆下散热器下橡胶水管，放出冷却液。

6）从支座上拔下散热器电动风扇的两个插头并断开插头。

7）拔下散热器左侧的电动风扇双速热敏开关插头。

8）松开散热器上橡胶水管固定抱箍和散热器排气管固定抱箍，拆下冷却液上橡胶水管和排气管。

9）松开水泵进水口处的散热器下橡胶水管固定抱箍，拆下冷却液下橡胶水管。

10）拆下散热器电动风扇的固定螺栓，拆下散热器电动风扇和散热器。

11）拆下发动机水套排气管。

12）拆下出水管接头处的冷却液上橡胶水管固定抱箍，拔下冷却液上橡胶水管。

13）拆下出水管接头处的暖风热交换器的冷却液软管固定抱箍，拔下通往热交换器的冷却液管。

14）拆下节气门热水管和膨胀水箱水管，拆下膨胀水箱。

4. 放出自动变速器油和机油

1）在自动变速器下方放置集油盘。

2）拆下自动变速器油管，放出自动变速器油。

3）拆下油底壳左侧的自动变速器油管支架螺栓。

4）在发动机油底壳下方放置集油盘。

5）旋下油底壳放机油口螺塞，放尽机油。

注意：抽取的机油必须用干净的容器予以收集，用于处理或再使用。机油不能直接排到地上或下水道内，以免对环境造成污染。

5. 拆下电线插头及附件

1）拆下蓄电池正极线和搭铁线，拆下蓄电池固定卡子。

2）将蓄电池向外拉出少许，取出蓄电池。

3）松开蓄电池支架固定螺栓，拆下蓄电池支架。

4）拆下发动机罩盖。

5）拔下冷却液温度传感器、机油压力报警传感器、爆燃传感器、氧传感器、发动机转速传感器和点火控制器的电线插头。

6）拔下喷油器控制电线插头、节气门位置传感器插头、凸轮轴位置传感器插头和进气温度传感器插头，将线束整理到一边。

7）脱开发动机舱隔板附近的所有电线插头。

8）分别拔出电子控制单元（ECU）两插头的卡簧手柄，从 ECU 上取下两电线插头。

9）拆下进气管口处的导气盒。

10)拔下空气流量计电线插头。

11)用十字槽螺钉旋具拆下空气流量计固定螺钉,从空气滤清器上拆下空气流量计。

12)拔下活性炭罐电磁阀的电线插头,从空气滤清器上拆下活性炭罐电磁阀。

13)拆下空气滤清器至节气门体之间的进气软管。

14)拆下空气滤清器盖,取出空气滤芯。

15)拆下空气滤清器:先脱开底部的固定夹,再往上拔出一点,然后向发动机方向取出空气滤清器。

16)拆下节气门前方的进气管抱箍,取下曲轴箱通风管和进气管。

17)拆下制动助力器真空管的抱箍,取下真空软管。

18)拔出通往活性炭罐的真空管。

19)从分油管上拆下进油管和回油管。

20)拔下节气门拉索上的调整锁片,从节气门控制臂上拆下节气门拉索。

21)拆下节气门拉索支架。

6.拆下空调压缩机

1)松开空调压缩机与支架的连接螺栓,取下空调压缩机传动带。

注意:拆下传动带前做好方向记号,装复时应按原方向装回,以免损坏传动带。

2)移开空调压缩机并用绳子将其固定在副梁上。

3)如果要松开空调软管,应用专用设备抽取制冷剂,不能将制冷剂直接排到空气中。

7.拆下发电机

1)使用扳手顺时针方向扳动张紧轮,使发电机传动带松开,并用销钉固定张紧轮。

2)从发电机上取下发电机传动带。

3)从张紧轮上取下销钉。

4)拆下发电机电线插头,使其与导线脱开。

5)拆下起动机导线,并给导线做好记号,以便能正确安装。

6)松开发电机与支架的上、下连接螺栓。轻轻转动发电机,拔下下部连接螺栓,取下发电机。

8.拆动力转向液压泵

1)松开动力转向液压泵带轮的螺栓,取下传动带。

2)从支架上拆下动力转向液压泵,并将其固定在发动机舱内一侧。

9.脱开排气管

1)拆下排气管吊架。

2)旋下排气歧管与前排气管的连接螺栓,使二者分离。

10. 将变速器与发动机分离

1）松开车身上的搭铁线。

2）脱开起动机的电线，并从变速器壳体上拆下起动机。

3）拔下变速器上的车速传感器和倒车灯开关电线插头。

4）拆下发动机右线束。

5）拆下液力变矩器与飞轮的连接螺栓（自动变速器车辆）。

6）拆下发动机与变速器连接处的支架。

7）拆下传动轴，并将它们密封好，防止灰尘进入。

8）使用专用支架固定变速器。

9）拆下发动机与变速器的所有连接螺栓。

10）拆下变速器前部支架（手动变速器车辆）。

11）拆下后部支架与变速器支承的连接螺栓。

12）拆下发动机前部与车身的连接扭力臂固定螺栓。

13）拆下发动机纵向定位螺栓。

14）将变速器稍向后移动，拆下中间金属片。

15）将变速器与发动机分离，同时将液力变矩器和传动盘与飞轮分离（自动变速器车辆）。

16）用金属线将液力变矩器固定在变速器内，防止倾倒。

11. 吊出发动机总成

1）拆下发动机液压支撑座螺母。

2）用专用吊架和起重机小心地从发动机舱内吊出发动机。

3）拆下离合器总成。

知识点 2：发动机总成的安装

下面仍以桑塔纳3000汽车（带AYJ发动机）为例，叙述发动机总成的安装过程。具体操作步骤如下：

1. 吊装发动机总成

1）先用定心轴将离合器从动盘与飞轮中心定位，装上离合器，按规定力矩拧紧。

2）用专用吊架和起重机将发动机总成吊入发动机舱内。

3）清理发动机周围的零件，防止被压坏。

注意：安装过程中不能将管路和导线压坏。发动机舱空间窄小，所有管路、导线都必须按原位置装回，并将运动部件与发热部件间留有足够的间隙。

2. 装上变速器

1）变速器轴上涂上薄薄的一层润滑脂，装上变速器。

注意：发动机与变速器间的定位销应定位可靠。

2）装上变速器与发动机的连接螺栓，用扳手以 60N·m 的力矩拧紧连接螺栓。

3）装上发动机两侧与车身的固定螺栓。

4）装上液力变矩器与飞轮的连接螺栓（自动变速器车辆），并按规定力矩拧紧。

5）装上起动机电源线和控制线。

6）装上变速器前部支架（手动变速器车辆）。

7）装上后部支架与变速器支承的连接螺栓。

8）装上发动机前部与车身的连接扭力臂固定螺栓。

9）按规定力矩拧紧发动机两侧与车身的固定螺栓。

10）装上变速器上的车速传感器和倒车灯开关插头。

11）装上车身上的搭铁线。

12）取出吊装铁链。

13）装上传动轴。

3. 装上排气管

1）装上排气管密封垫及排气管，以 30N·m 的力矩拧紧排气歧管与排气管的连接螺栓。

2）装上排气管吊架。

4. 安装动力转向液压泵

1）装上动力转向液压泵，拧紧固定螺栓。

2）拧紧油管固定螺栓。

3）装上动力转向液压泵带轮，装上紧固螺栓，并按规定力矩拧紧。

5. 安装发电机

1）将发电机放到发电机支架上。

2）装上发电机固定螺栓，并按规定力矩拧紧。

3）连接发电机线束，拧紧固定螺栓。

4）插上发电机调节器插头。

5）装上发电机的输出电线。

6）装上发电机搭铁线。

7）将传动带套在曲轴带轮上。

8）使用扳手按顺时针方向扳动传动带张紧轮，使张紧轮张开，用销钉固定张紧轮。

9）将传动带安装到位后，用扳手按顺时针方向扳动传动带张紧轮，拆下张紧轮上的销钉。

6. 安装空调压缩机

1）装上空调压缩机及支架，装上固定螺栓。

2）按拆下时的方向记号装上空调压缩机传动带。传动带（多楔带）上的筋条应完全卡入带轮的楔槽中。

3）调整好空调压缩机传动带的张紧力，按规定力矩拧紧空调压缩机固定螺栓。

4）装上飞轮下盖板，并用螺栓固定。

5）装上油标尺托架，拧紧托架固定螺栓，插上油标尺。

7. 装散热器及冷却系统部件

1）装上散热器电动风扇和散热器。

2）装上自动变速器油管。

3）插上电动散热风扇和热敏开关上的电线插头。

4）装上冷却液下橡胶软管。

5）装上缸盖出水管接头。

6）装上暖风热交换器的冷却液软管。

7）装上冷却液上水管与缸盖出水管接头的冷却液上橡胶水管。

8）装上冷却液上水管与散热器的冷却液上橡胶软管。

9）装上膨胀水箱。

10）装上散热器排气管和发动机水套排气小软管。

11）装上膨胀水箱水管。

8. 装进气系统附件

1）装上节气门体，装上紧固螺栓，并按规定力矩拧紧。

2）装上节气门热水管。

3）插上节气门位置传感器的插头。

4）装上节气门拉索，调整拉索使其活动灵活。

5）装上空气滤清器罩壳、空气流量计、空气滤清器及空气管路。

6）插上碳罐、真空助力器的真空管。

7）装上分油管上的进油管和回油管以及曲轴箱通风软管。装上进气歧管罩并用固定螺栓固定。

9. 装电线插头及附件

1）连接发动机线束，并将发动机线束固定位置。

2）将喷油器插头移到相应位置，插上插头。

3）插上点火控制器插头。

4）装上进气压力传感器，按规定力矩拧紧固定螺栓。

5）插上进气压力传感器插头。

6）装上活性炭罐电磁阀，插上空气流量计、活性炭罐电磁阀、氧传感器、进气温度传感器的电线插头。

7）装上发动机转速传感器、凸轮轴位置传感器、冷却液温度传感器、机油压力报警器、爆燃传感器、氧传感器的电线插头。

8）装上电子控制单元（ECU）的两电线插头，并推入卡簧手柄。

9）加入冷却液至冷却液储液罐最高点标记处。

10）加注机油，使机油液面达到油标尺两刻线中间位置。

11）装上蓄电池固定支架。

12）装蓄电池，装好蓄电池固定卡子，并用螺栓固定。

13）装上蓄电池正极线和搭铁线。

知识点 3：发动机零部件清洗方法和注意事项

1. 发动机外部的清洗

在解体汽车之前应对其外部进行清洗，目的是清除外表的尘土和油污，便于拆卸工作顺利进行，并保持拆卸场所清洁。

2. 发动机零件的清洗

零件的清洗一般分为清除油污、清除积炭和清除水垢三种作业。

（1）清除油污　油污沉积在金属表面，易堵塞润滑油道、滤网，阻碍零件传热、散热。其清除方法按清洗液的种类分为有机溶剂除油和无机溶剂除油两种。

在发动机修理中常用的有机溶剂有汽油、煤油、酒精和丙酮等。它们去污力强，对金属无腐蚀作用，一般用于铝合金及精密零件的清洗，如用于清洗活塞、高压油泵、喷油器等，但不宜用于橡胶、塑料件去污。使用有机溶剂清洗时，要注意防火。

无机溶剂（如碱溶液）适用于钢铁零件的去油污清洗。碱溶液对零件表面有较强的腐蚀性，尤其是对非金属材料和有色金属的腐蚀更为严重。对于清洗后的零件，应用清水冲刷掉残留在零件表面的碱溶液。铝合金零件不能用碱溶液清洗。

超声波清洗是指利用超声波在液体中的空化作用、加速度作用及直进流作用，对液体和污物进行直接、间接作用，使污物层被分散、乳化、剥离而达到清洗目的。目前所用的超声波清洗机中，空化作用和直进流作用应用得更多。超声波清洗机清洗效果很好，但费用较高。

空化作用：空化作用就是超声波以压缩力和减压力交互性的高频（每秒两万次以上）变换方式向液体进行透射。在减压力作用时，液体中产生真空核群泡的现象，在压缩力作用时，真空核群泡受压力压碎时产生强大的冲击力，由此剥离被清洗物表面的污垢，从而达到精密洗净目的。

直进流作用：超声波在液体中沿声的传播方向产生流动的现象称为直进流。通过此直进流使被清洗物表面的微油污垢被搅拌，污垢表面的清洗液也产生对流，溶解污物的溶解液与新液混合，使溶解速度加快，对污物的搬运起着很大的作用。

（2）清除积炭　积炭是燃油和机油在高温及氧化作用下的生成物。产生在发动机燃烧室内壁的积炭会影响热量传递，可形成炽热点，导致异常燃烧。

清除积炭通常采用手工铲刮和钢丝刷除等方法，也可与化学清除方法并用。前者简单易行，但效率不高，清除不彻底，还会在金属表面留下划痕。化学方法清除积炭即首先用化学溶剂和积炭发生物理和化学作用，破坏积炭结构，软化松散积炭，然后用毛刷刷洗除净积炭，最后用热水清洗零件表面的化学溶剂，并用压缩空气吹干。它对零件表面无损伤，清除效果较好。表 3-2 是生产中使用的退炭化学溶剂配方，它具有退炭能力强、可常温使用等优点，但对铜质零件有腐蚀作用，且易挥发、可燃、有毒性污染，应密封保存和使用。

表 3-2 退炭化学溶剂配方

原料	醋酸乙酯	丙酮	乙醇	苯	石蜡	氨水
质量分数（%）	4.5	1.5	22	40.8	1.2	30

（3）清除水垢　汽车发动机冷却系统如长期使用未经软化处理的硬水（即含有较多矿物盐分的水），由于冷却系统内的水分蒸发，矿物盐的浓度逐渐增加，达到饱和状态时，就从水中析出，沉积在水套、散热器内壁，形成水垢。它会阻碍水与金属之间的热传导，降低散热能力，在散热器内还阻碍水的循环，导致发动机过热。

清除水垢一般用酸洗法和碱洗法，通过酸、碱溶解水垢。水质不同，所含矿物盐的成分不一样，形成的水垢物质成分就不同，主要有碳酸盐、硫酸盐和硅酸盐三类。

可用以下方法清除水垢：

1）清洗铝合金缸体、缸盖：在 1000mL 水中注入 100g 磷酸、50g 铬酸酐（三氧化铬），搅拌后加热至 30℃，浸泡零件 30~60min；取出零件用清水冲洗，置入 80~100℃、含有 0.3% 的重铬酸钾的溶液中做防腐蚀处理，最后用压缩空气吹干。

2）清洗铸铁缸体、缸盖：在 8%~10% 的盐酸溶液中，加入 2~3g 六亚甲基四胺，然后将缓蚀剂灌入水套，封闭水套后，置于 60~70℃ 的热水池中，保温 60min；取出后逆冷却液流向，用清水冲洗水套脏物，再用 2~3g 的苛性钠（氢氧化钠）溶液中和残留的酸液，最后再用清水洗干净。

3）清洗散热器：向散热器中注入 8~10g 的稀盐酸，浸泡适当时间，然后用清水冲洗。

现代汽车发动机冷却系统采取闭式循环，将蒸发的水分冷凝收集后重新注入循环，以阻止水中矿物盐类成分饱和析出，同时添加防冻液、防腐剂，减少甚至无须更换冷却水等，有效地缓解了水垢的沉积。加入了防冻液、防腐剂的冷却水称为冷却液，维修发动机时应回收复用。

三、练习题

（一）选择题

1. 拆装发动机火花塞应用（　　）。
   A. 火花塞套筒　　B. 套筒　　C. 呆扳手　　D. 梅花扳手

2. 汽车满载时的最大爬坡能力称为（　　）。
   A. 最大爬坡度　　B. 最小爬坡度　　C. 爬坡度　　D. 功率

3. 活塞在发动机气缸中的（　　）位置称为上止点。
   A. 最高　　B. 最低　　C. 中央　　D. 水平

4. 气缸总容积与燃烧室容积的（　　）称为压缩比。
   A. 差值　　B. 和　　C. 乘积　　D. 比值

5. 在一个工作循环内，曲轴旋转（　　）周，活塞在气缸内往复四个行程，称为四冲程发动机。
   A. 1　　B. 2　　C. 3　　D. 4

6. 曲柄连杆机构的零件按其结构特点和运动形式分为机体组、活塞连杆组和（　　）。
   A. 曲轴组　　B. 飞轮组　　C. 曲轴飞轮组　　D. 轴柄组

7. 以下选项属于发动机空气供给装置的是（　　）。
   A. 汽油箱　　B. 汽油泵　　C. 空气滤清器　　D. 化油器

8. 汽车发动机大都采用（　　）气门式配气机构。
   A. 顶置　　B. 侧置　　C. 横置　　D. 纵置

9. 多数发动机进气门的头部直径做得比排气门（　　）。
   A. 大　　B. 小　　C. 相等　　D. 以上都不对

10. （　　）的作用是对发动机冷却液加压，使冷却液循环流动。
    A. 水泵　　B. 风扇　　C. 散热器　　D. 节温器

11. 发动机润滑系统中，机油的储存装置是（　　）。
    A. 油底壳　　B. 机油泵　　C. 机油粗滤器　　D. 机油细滤器

12. 柴油机高压油路供给装置包括（　　）、喷油器等。
    A. 油箱　　B. 输油泵　　C. 化油器　　D. 喷油泵

13. 柴油机通过（　　）将柴油喷入燃烧室。
    A. 喷油器　　B. 喷油泵　　C. 输油泵　　D. 油管

14. 汽车进行二级维护的里程数为（　　）。
    A. 2000~3000km　　B. 3000~5000km
    C. 5000~10000km　　D. 10000~15000km

15. 决定柴油机喷油压力大小的零件为（　　）。

A. 喷油器 B. 喷油泵
C. 输油泵 D. 喷油器上端的调压弹簧

16. 制动蹄回位弹簧丧失弹性或超过标准长度的（　　）应予以更换。
A. 10% B. 7% C. 5% D. 3%

17. 调整转向盘自由转动量时，主要是检查与调整（　　）。
A. 转向盘 B. 转向器
C. 转向横拉杆 D. 转向传动轴与万向节叉键槽间隙

18. 分离杠杆与分离轴承的间隙靠改变（　　）的长度来进行调整。
A. 离合器踏板自由行程 B. 分离叉自由行程
C. 横拉杆 D. 分泵推杆

19. 拆下火花塞，可见其电极有潮湿的汽油和大量的积炭，表明（　　）。
A. 混合气过稀 B. 混合气过浓 C. 点火提前 D. 点火滞后

20. 机油限压阀调整弹簧弹力过低或弹簧折断会造成（　　）。
A. 机油压力高 B. 机油压力低
C. 机油压力正常 D. 机油消耗量过大

21. 汽车满载时的总质量称为（　　）。
A. 最大装载质量 B. 最大总质量
C. 整车装备质量 D. 最大质量

22. 下止点是活塞顶离曲轴回转中心（　　）。
A. 最远处 B. 最近处 C. 最低处 D. 最高处

23. （　　）是汽车的动力装置。
A. 车身 B. 底盘 C. 电气设备 D. 发动机

24. 汽油机通常由（　　）和五大系统组成。
A. 两大机构 B. 三大机构 C. 四大机构 D. 五大机构

25. 下列行程中，进、排气门都关闭的是（　　）。
A. 进气行程 B. 压缩行程 C. 做功行程 D. 排气行程

26. 按照气缸排列形式，气缸体分为直列式、（　　）和对置式三种。
A. V形 B. L形 C. 双列式 D. 直列式

27. 曲轴飞轮组主要由曲轴、（　　）和附件组成。
A. 飞轮 B. 齿轮 C. 链轮 D. 带轮

28. 发动机进气门锥角一般为（　　）。
A. 30° B. 45° C. 60° D. 90°

29. 节温器安装在（　　）出水管或水泵进水管内。
A. 气缸体 B. 气缸盖 C. 散热器 D. 水套

30. （　　）的功用是加速流经发动机散热器的空气流速，提高散热器的热交换能力。

A.水泵　　　　B.风扇　　　　C.散热器　　　D.节温器

31.发动机机油泵由（　　）、主动齿轮、从动齿轮、泵壳和泵盖等组成。

A.传动轴　　　B.叶轮　　　　C.半轴　　　　D.摇臂轴

32.（　　）主要由气门、气门座、气门导管和气门弹簧组成。

A.配气机构　　B.曲柄连杆机构　C.进气机构　　D.气门组

33.二级维护作业完成后,应经（　　）进行竣工检验。

A.进行检测　　B.过程检验　　C.维修企业　　D.汽车所有人

34.发动机二级维护作业内容中,检测发动机燃烧效果,进行（　　）。

A.更换滤芯　　B.拆检　　　　C.调整　　　　D.清洗

35.发动机紧固作业过程中,进、排气歧管和消声器的紧固,由（　　）对称拧紧固定螺栓,同时检查衬垫有无损坏、烧蚀的痕迹。如果发现损坏,应予以更换。

A.一端向另一端　　　　　　　B.两端向中间

C.中间向两端　　　　　　　　D.任意顺序

36.在进行发动机清洁作业,补充或更换机油时,应注意机油的（　　）。

A.多少　　　　B.牌号　　　　C.牌号和种类　D.种类

37.目前多数发动机上装的都是一次性不可拆洗式的（　　）滤芯汽油滤清器。

A.尼龙　　　　B.塑料　　　　C.纸质　　　　D.丝网

38.检查水泵时,水泵泄水孔漏冷却液,则为水封密封不严和纸垫的故障,水封密封圈（　　）翻面使用。

A.不可以　　　B.不准　　　　C.可以　　　　D.特殊情况可以

39.过量空气系数（　　）时,称为稀混合气。

A.$\alpha=1$　　　B.$\alpha>1$　　　C.$\alpha<1$　　　D.$\alpha\leq1$

40.下列属于柴油机低压油路供给装置的是（　　）。

A.输油泵　　　B.喷油泵　　　C.喷油器　　　D.高压油管

41.（　　）用来改变冷却液的循环路线及流量,自动调节冷却液温度。

A.水泵　　　　B.风扇　　　　C.散热器　　　D.节温器

42.曲柄连杆机构的组成为（　　）。

A.机体组、活塞连杆组　　　　B.活塞连杆组、曲轴飞轮组

C.机体组、活塞连杆组、曲轴飞轮组　D.活塞连杆组

43.柴油机各缸喷油压力差应小于（　　）。

A.1.0MPa　　　B.0.1MPa　　　C.0.5MPa　　　D.1.5MPa

44.汽车行驶无力,不易加速,发动机温度容易升高,原因是（　　）。

A.供油不足　　B.油平面过高　C.点火提前　　D.点火过迟

45. 气门间隙是指气门杆尾端与（　　）之间预留的间隙。
　　A. 摇臂轴　　　B. 气门推杆　　　C. 气门挺柱　　　D. 气门摇臂
46. （　　），车辆支承平面与车辆最低点之间的距离，称为最小离地间隙。
　　A. 满载时　　　B. 空载时　　　C. 停车时　　　D. 行驶时
47. 上、下两止点间的距离称为（　　）。
　　A. 活塞行程　　　B. 压缩比　　　C. 发动机工作容积　D. 气缸总容积
48. 各类汽车的总体构造有所不同，但基本上都由发动机、底盘、（　　）和电气设备四个部分组成。
　　A. 车架　　　B. 车轮　　　C. 蒙皮　　　D. 车身
49. 汽油机由曲柄连杆机构、配气机构、燃料供给系统、点火系统、冷却系统、润滑系统和（　　）组成。
　　A. 起动机　　　B. 配电系统　　　C. 蓄电池　　　D. 起动系统
50. 由于柴油机压缩比大，压缩终了时气体的温度和压力比汽油机（　　）。
　　A. 高　　　B. 低　　　C. 相等　　　D. 小
51. （　　）的作用是连接活塞与连杆，将活塞承受的气体作用力传给连杆。
　　A. 活塞环　　　B. 活塞销　　　C. 曲轴　　　D. 飞轮
52. （　　）的功用是把燃烧气体作用在活塞顶上的力转变为曲轴的转矩，并通过曲轴对外输出机械能。
　　A. 曲柄　　　B. 连杆　　　C. 曲柄连杆机构　　　D. 飞轮
53. 在发动机中，（　　）用来密封气道。
　　A. 凸轮　　　B. 挺柱　　　C. 推杆　　　D. 气门
54. 汽车发动机大多数使用的是（　　）水泵。
　　A. 机械离心式　　　　　　B. 电动式
　　C. 齿轮式　　　　　　　　D. 以上答案都不对
55. （　　）的作用是将发动机冷却液携带的热量散入大气，以保证发动机的正常工作温度。
　　A. 水泵　　　B. 风扇　　　C. 散热器　　　D. 节温器
56. （　　）安装在发动机机油泵进油口之前。
　　A. 机油粗滤器　　　　　　B. 机油细滤器
　　C. 机油散热器　　　　　　D. 机油集滤器
57. 曲柄连杆机构由（　　）、活塞连杆组、曲轴飞轮组三部分组成。
　　A. 机体组　　　B. 上曲轴箱　　　C. 油底壳　　　D. 气缸盖
58. （　　）的作用是刮去气缸壁上多余的机油，不让它窜入燃烧室，还可以使缸壁上的机油分布均匀。
　　A. 活塞环　　　B. 活塞头　　　C. 气环　　　D. 油环

59. 汽车二级维护时首先要（　　）。
    A. 进行检测 B. 过程检验 C. 维修 D. 汽车所有人
60. 发动机二级维护作业内容中，热车放出脏机油后，加入清洗剂，（　　）发动机油道。
    A. 更换滤芯 B. 拆检 C. 调整 D. 清洗
61. 在进行发动机清洁作业时，各个部分补给的机油或工作液应（　　）。
    A. 适量 B. 偏多 C. 偏少 D. 过量
62. 清洗尼龙布和聚合粉末塑料滤芯时，将其放在（　　）中，用软毛刷轻轻洗刷。
    A. 废机油 B. 清洁汽油 C. 清洁机油 D. 废汽油
63. 检查冷却系统工作情况，观察气压表时，若气压表指针（　　），则表明冷却系统工作正常。
    A. 归零 B. 抖动 C. 摆动 D. 显示最大值
64. 检查V带张紧度时，用拇指以（　　）的力按压V带中间部位，挠度应为10~15mm。
    A. 30~80N B. 30~50N C. 150~347N D. 98~147N
65. 检查点火系统时，在检查分缸线是否有火的过程中，可以用正时灯夹住分缸线，观察正时灯的闪烁情况，若正时灯不闪，则说明（　　）。
    A. 间断跳火 B. 跳火异常 C. 跳火正常 D. 不跳火
66. 将滤清器到燃油分配管之间的油路断开，接上油压表，拧紧管接头，打开点火开关，起动发动机可测出（　　）的高低。
    A. 气压 B. 油压 C. 油位 D. 电位
67. 柴油机可燃混合气形成装置是（　　）。
    A. 燃烧室 B. 化油器 C. 进气管 D. 输油泵
68. 柴油机以（　　）作燃料。
    A. 柴油 B. 汽油 C. 煤油 D. 酒精
69. （　　）的作用是冷却机油，保持发动机油温在正常工作范围之内。
    A. 油底壳 B. 机油泵 C. 机油散热器 D. 机油滤清器
70. 冷却系统实现大循环的主要部件是（　　）。
    A. 散热器 B. 水泵 C. 节温器 D. 风扇
71. 机油滤清器堵阻且旁通阀开启困难，会造成（　　）。
    A. 机油压力高 B. 机油压力低
    C. 机油压力正常 D. 机油消耗量过大
72. 为了解决气门间隙过大、过小的矛盾，在轿车上多采用（　　），可以不预留气门间隙而仍保证气门受热膨胀时与气门座良好结合。

A. 弹簧挺柱   B. 液力挺柱   C. 气压挺柱   D. 挺杆

（二）判断题

（　　）1. 四冲程柴油机的可燃混合气的形成、着火方式等与汽油机相同。

（　　）2. 发动机机油粗滤器安装于机油泵与主油道之间。

（　　）3. 安装气缸盖衬垫时不用考虑其正反面。

（　　）4. 连杆的作用是传递活塞与曲轴二者之间的作用力。

（　　）5. 一般进气门头部的直径比排气门小。

（　　）6. 机油粗滤清器常采用纸质滤芯式。

（　　）7. 良好的节温器在冷却液温度为68~72℃时，阀门开始开启，到80~85℃时全开。

（　　）8. 安装气缸盖时应先用定位螺栓将气缸盖定位。

（　　）9. 活塞裙部是活塞在气缸内运动的导向部分。

（　　）10. 顶置气门式配气机构是应用最少的一种形式。

（　　）11. 节温器是用人工控制的通道开关。

（　　）12. 燃油滤清器的滤芯在一级维护时应更换。

（　　）13. 不管什么材料的缸体和缸盖，新气缸垫光滑的一面或翻边较宽的一面都朝向气缸体。

（　　）14. 目前，一般汽油机的压缩比为16~22，柴油机的压缩比为6~11。

（　　）15. 采用液力挺柱的配气机构不需要预留气门间隙。

（　　）16. 更换冷却液时，不同的品种可以相互使用。

（　　）17. 机体组是发动机各机构、系统的装配基础。

（　　）18. 曲柄连杆机构的功用是把燃烧气体作用在活塞环上的力转变为曲轴的转矩，并通过曲轴对外输出机械能。

（　　）19. 汽车发动机运转的大部分时间里起动机向蓄电池充电。

（　　）20. 水冷式发动机的气缸体通常与上曲轴箱铸成一体。

（　　）21. 柴油机一般采用平顶活塞。

（　　）22. 飞轮的主要作用是储存部分做功行程时输入曲轴的动能。

（　　）23. 轿车一般不留有气门间隙。

（　　）24. 紧固气缸盖螺栓时要求自中间向两端交叉均匀拧紧到规定的力矩。

四、参考答案及解析

（一）选择题

1. A　本题主要考核拆装工具的种类、性能及使用。火花塞套筒扳手属于专用扳手，用于拆装火花塞。

2. A　本题主要考核汽车最大爬坡度的概念。

3．A　本题主要考核发动机的主要技术参数，如图 3-7 所示。活塞离曲轴回转中心最远处时，活塞顶面所对应的位置称为上止点，即活塞顶部上行到最高点的位置。此时，活塞的运动速度为零。

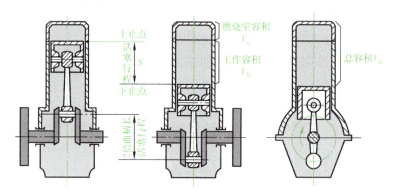

图 3-7　发动机的主要技术参数

4．D　本题主要考核汽车的主要技术参数。气缸总容积与燃烧室容积的比值称为压缩比，用 ε 表示，即

$$\varepsilon = \frac{V_a}{V_c} = \frac{V_h + V_c}{V_c} = 1 + \frac{V_h}{V_c}$$

5．B　本题主要考核发动机工作原理。四冲程发动机通过进气、压缩、做功和排气四个行程完成一个工作循环。曲轴旋转两周，活塞在气缸内往复四个行程。

6．C　本题主要考核曲柄连杆机构的组成。曲柄连杆机构主要由机体组、活塞连杆组和曲轴飞轮组三部分组成。

7．C　本题主要考核发动机空气供给系统的组成。空气供给装置的功用是控制并测量吸入发动机的空气量，提供形成可燃混合气所需的空气。

空气供给装置主要由空气滤清器、空气流量计（或进气压力传感器）、节气门体、进气管、进气歧管和怠速控制阀等组成。电控汽油喷射系统发动机在运行时，空气经空气滤清器过滤，由空气流量计或进气压力传感器计量后，通过节气门体进入进气管，再分配到各进气歧管。在进气歧管内，空气与喷油器喷出的汽油混合后被吸入气缸内燃烧。

8．A　本题主要考核配气机构的分类。四冲程汽车发动机采用气门式配气机构，其结构形式多样，一般按气门布置形式的不同分为侧置气门式和顶置气门式，按照凸轮轴布置形式的不同分为下置式、中置式和顶置式，按照各气缸气门数量的不同分为二气门、三气门、四气门、五气门配气机构。每缸超过二气门的发动机称为多气门发动机。目前发动机多采用顶置气门式配气机构，侧置气门式配气机构因充气效率低已被淘汰。

9. A 本题主要考核气门的作用及结构。多数发动机进气门的头部直径做得比排气门大，目的是保证充足的进气。

10. A 本题主要考核冷却系统的作用及组成。发动机冷却系统可分为水冷却和风冷却两大类。目前，汽车发动机普遍采用强制循环式水冷却系统，利用水泵强制地使冷却液在冷却系统中进行循环流动，不断带走零件表面热量。

水冷却系统主要由水泵、散热器、节温器、风扇、风扇控制机构、水套、辅助水箱（即膨胀水箱）、冷却液温度表及冷却液温度警报装置等组成。

11. A 本题主要考核润滑系统的作用及组成。润滑系统主要由油底壳、机油集滤器、机油泵、机油滤清器、限压阀、旁通阀、机油压力传感器和主油道等组成。

发动机工作时，机油泵通过机油集滤器从油底壳中吸入机油，以防止大的杂质进入机油泵内。具有一定压力的机油进入机油滤清器进一步滤清，大部分进入发动机主油道，另一小部分首先进入凸轮轴的轴承，再进入气门机构，之后流回油底壳。

12. D 本题主要考核柴油机高压油路的组成，如图 3-8 所示。在柴油机的油路中，从喷油泵到喷油器这一段油路，其油压由喷油泵建立，一般在 10MPa 以上，称为高压油路。柴油供给任务主要由它来完成。

13. A 本题主要考核喷油器的作用。喷油器的作用是将喷油泵供给的高压柴油雾化成细微颗粒，以一定的速度和形状喷入燃烧室，利于混合气的混合与燃烧。另外，喷油器在规定的停止喷油时刻能迅速切断柴油供给，不发生泄漏现象。

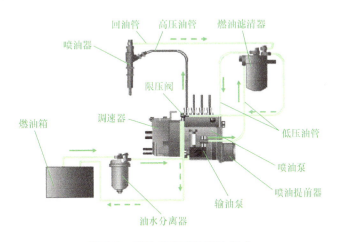

图 3-8 柴油机高压油路的组成

14. D。

15. D 柴油机喷油器工作时，由喷油泵输来的高压柴油，经过油管接头进入喷油器，再经过喷油器体上的进油孔进入针阀体中部的环形高压油腔。油压作用在针阀的承压锥面上，对针阀形成一个向上的轴向推力，当此推力大于调压弹簧的预紧压力及针阀偶件之间的摩擦力（此力很小）时，针阀立即上移，针阀下端密封锥面离开针阀体锥形环带,打开喷孔,于是柴油即以高压喷入燃烧室中。喷油泵停止供油时,高压油道内的压力迅速下降,针阀在调压弹簧作用下及时回位,将喷孔关闭。

调压弹簧、调压螺钉、顶杆及回油管接头螺栓等零件组成了调压装置。调压弹簧的弹力通过顶杆作用在针阀上,喷油压力可通过调压螺钉改变调压弹簧的预紧力进行调整(有的采用调整垫片)。拧入时压力增大,反之压力减小。最后用调压螺钉锁紧螺母将其锁紧固定。

16. C

17. B

18. D

19. B

20. B

21. B 汽车满载时的总质量叫作最大总质量。最大总质量 = 整车装备质量 + 最大装载质量。

22. B 活塞在离曲轴回转中心最近处时,活塞顶面所对应的位置称为下止点,即活塞顶部下行到最低点的位置。此时,活塞的运动速度为零。

23. D

24. A 汽油机通常由曲柄连杆机构、配气机构,以及燃油供给系统、润滑系统、冷却系统、点火系统、起动系统组成。

25. B 压缩行程,活塞由下止点向上止点移动,进、排气门关闭。曲轴在飞轮等惯性力的作用下带动旋转,通过连杆推动活塞向上移动,气缸内容积逐渐减小,气体被压缩,气缸内的混合气压力与温度随之升高。

26. A

27. A 曲轴飞轮组主要由曲轴、飞轮以及其他零件(曲轴正时齿轮、轴瓦、止推片、带轮)和附件组成。

28. B 气门锥面与气门顶面之间的夹角称为气门锥角。进、排气门的气门锥角一般均为45°,只有少数发动机的进气门锥角为30°。

29. B 节温器的作用是根据发动机负荷大小和冷却液温度的高低自动改变冷却液的循环流动路线,从而控制通过散热器冷却液的流量。节温器一般安装在气缸盖出水管或水泵进水管内。

30. B 风扇用来提高流经散热器的空气流速和风量,增强散热器的散热能力。汽车上常使用的风扇为轴流式风扇。

31. A

32. D 气门组的作用是准时接通和切断进排气系统与气缸之间的通道。一般来说,气门组包括气门、气门座、气门导管、气门弹簧、弹簧座及锁片等零件。

33. C 汽车二级维护首先要进行检测，汽车进厂后，根据汽车技术档案的记录资料（包括车辆运行记录、维修记录、检测记录、总成修理记录等）和驾驶人反映的车辆使用技术状况（包括汽车动力性、异响、转向、制动及燃料、机油消耗等）确定所需检测项目，依据检测结果及车辆实际技术状况进行故障诊断，从而确定附加作业。

附加作业项目确定后与基本作业项目一并进行二级维护。二级维护过程中要进行过程检验，过程检验项目的技术要求应满足有关的技术标准或规范。二级维护作业完成后，需要经过维护企业进行竣工检验，竣工检验合格的车辆，由维护企业填写汽车维护竣工出厂合格证后方可出厂。

34. C

35. C 发动机紧固作业过程中，用原厂规定的力矩分 2~3 次，由中间向两端逐渐拧紧螺栓。

36. C

37. C

38. C

39. B 可燃混合气浓度可以用过量空气系数来表示。过量空气系数 α 是指燃烧过程中 1kg 燃料实际供给的空气质量（kg）与 1kg 燃料理论上完全燃烧所需要的空气质量（kg）之比。即：

$$\alpha = \frac{燃烧\ 1kg\ 燃料实际供给的空气质量}{理论上完全燃烧\ 1kg\ 燃料所需的空气质量}$$

$\alpha=1$ 时，称为标准混合气；$\alpha > 1$ 时，称为稀混合气；$\alpha < 1$ 时，称为浓混合气。

40. A 从油箱到喷油泵入口这一段油路，其油压由输油泵建立，一般为 150~300kPa，称为低压油路。该油路主要完成柴油储存、输送和滤清等任务。

41. D 节温器的作用是随发动机负荷的大小和冷却液温度的高低而自动改变冷却液的流量和循环路线，保证发动机在适宜的温度下工作，减少燃料消耗和机件的磨损。

42. C 曲柄连杆机构由机体组、活塞连杆组和曲轴飞轮组组成。

43. A

44. D

45. D

46. A 车辆满载状态下，底盘下部（车轮除外）最低点到地面间的距离叫作最小离地间隙，如图 3-9 所示。

图 3-9 最小离地间隙

47. A 活塞由一个止点运动到另一个止点的距离称为活塞行程，用 S 表示。

48. D

49. D

50. A 柴油机压缩行程不同于汽油机压缩行程的是压缩的是纯空气，且由于柴油机压缩比大，压缩终了的温度和压力都比汽油机高，压力可达 3~5MPa，温度可达 800~1000K。

51. B

52. C

53. D 气门由头部和杆部两部分组成，头部用来封闭气缸的进、排气通道，杆部则主要为气门的运动导向。

54. A 汽车上广泛使用机械离心式水泵。它具有结构紧凑、泵水量大等优点，并且在因故障而停止工作时，不妨碍冷却液在冷却系统内部的自然循环。

55. C 散热器由上水室、散热器芯和下水室等组成，安装在发动机前的车架横梁上。其作用是将冷却液在水套中所吸收的热量散发至外界大气，使冷却液温度下降。

56. D 机油集滤器一般是滤网式，装在机油泵的前面，防止粒度大的杂质进入机油泵。

57. A

58. D 活塞环分为气环和油环。油环的作用是刮去气缸壁上多余的机油，不让它窜入燃烧室，还可以使缸壁上的机油分布均匀。

59. A 解析同 33。

60. D

61. A

62. B

63. B

64. D

65. D

66. B

67. A 柴油机可燃混合气的形成和燃烧都是直接在燃烧室内进行的。当活塞接近压缩上止点时，柴油喷入气缸，与高压高温的空气接触、混合，经过一系列的物理、化学变化才开始燃烧，之后便是边喷射边燃烧。

68. A

69. C

70. C 通常，冷却液在冷却系统内的循环流动路线有两条，一条为大循环，另一条为小循环。

大循环：冷却液经水泵、水套、节温器、散热器，又经水泵压入水套的循环，其流通路线长，散热强度大，称为冷却系统的大循环。

小循环：冷却液经水泵、水套、节温器后不经散热器，而直接由水泵压入水套的循环，其流通路线短，散热强度小，称为冷却系统的小循环。

71. A

72. B

(二)判断题

1. × 柴油机可燃混合气是在燃烧室形成的，汽油机可燃混合气是在进气道形成的。柴油机是压力点火，汽油机是电子点火，二者具有根本性质的区别。

2. √ 机油粗滤器的作用是滤去机油中较大颗粒（直径为0.05~0.1mm）的杂质，向主油道和摩擦表面供给较清洁的机油。由于其通过能力较好，一般串联在机油泵与主油道之间，属于全流式滤清器。

3. × 气缸盖衬垫装在气缸盖和气缸体之间，其功用是保证气缸盖与气缸体接触面的密封，防止漏气、漏水和漏油。

气缸垫有金属—石棉衬垫、金属—复合材料衬垫和全金属衬垫等多种类型。气缸垫有正反面之分，正面比较光滑，反面比较粗糙。

安装气缸垫时，如果是铝合金气缸盖，气缸垫的光滑面应朝向气缸盖；如果是铸铁气缸盖，气缸垫的光滑面应朝向气缸体，且定位孔应对准气缸体的定位销。

4. √

5. × 气门头部是一个具有圆锥斜面的圆盘，气门锥角一般为45°，进气门锥角也有30°的。气门头边缘应保持一定厚度，一般为1~3 mm，以防工作中冲击损坏和被高温烧蚀。气门密封锥面与气门座配对研磨。多数发动机进气门头部直径比排气门大，两气门一样大时，排气门有记号。

6. √

7. √ 良好的节温器在水温为68~72℃时，阀门开始开启，到80~85℃时全开。

8. √

9. √ 活塞由三部分组成：顶部、头部和裙部。活塞裙部指从油环槽下端面起至活塞最下端的部分，它包括装活塞销的销座孔。活塞裙部对活塞在气缸内的往复运动起导向作用，并承受侧压力。裙部的长度取决于侧压力和活塞直径。

10. × 配气机构按气门的位置可以分为气门侧置式和气门顶置式。目前汽车基本上采用气门顶置式配气机构，气门侧置式已经淘汰。

11. × 节温器的作用是随发动机负荷的大小和冷却液温度的高低而自动改变冷却液的流量和循环路线，保证发动机在适宜的温度下工作，减少燃料消耗和机件的磨损。目前多数发动机采用蜡式节温器。

当冷却液温度低于规定值时，感温器体内的石蜡呈固态，主阀门在主阀门弹簧的作用下紧压在阀座上，如图 3-10a 所示。通往散热器的水道不通时，副阀门打开，冷却液在水泵与水套之间循环。此时，冷却强度小，促使冷却液温度迅速上升，从而保证发动机各部位均匀和迅速地热起来。由于冷却液的流动路线短、流量小，故称为小循环。

当冷却液温度高于规定值时，感温器体内的石蜡受热熔化逐渐变成液体，体积随之膨胀而迫使橡胶管收缩。橡胶管在收缩的同时给中心杆一个向上的推力，由于中心杆上端固定而不能上移，因此，迫使橡胶管向下膨胀并克服主阀门弹簧的弹力，使主阀门逐渐开启，副阀门逐渐关闭，如图 3-10b 所示。这时，来自气缸盖出水口的冷却液经主阀门全部进入散热器内冷却，此为大循环。

12. ×　燃油滤清器的滤芯在二级维护时应更换。

13. ×　解析同 3。

14. ×　由于柴油机是压力点火，汽油机是电子点火，所以，柴油机的压缩比大于汽油机压缩比。目前，一般汽油机的压缩比为 6~11，柴油机的压缩比为 16~22。

15. √　采用液力挺柱，消除了配气机构中各部件间的间隙，减小了相互间的冲击载荷和噪声；不用调整气门间隙，简化了配气机构的装配、使用和维修过程；不用预留气门间隙，可有效地延长气门的实际开启时间，改善了换气过程。

16. ×　冷却液品种要符合本地气候条件，不同的品种不可以相互使用。

17. √

18. ×　曲柄连杆机构是发动机实现能量转换的主要机构。其功用是将燃料燃烧后作用在活塞顶部的气体压力转变为曲轴的转矩，并通过曲轴对底盘输出机械能。

19. ×　汽车起动时，蓄电池向起动机及全车各用电设备供电。汽车起动后，发电机向蓄电池及全车各用电设备进行供电。

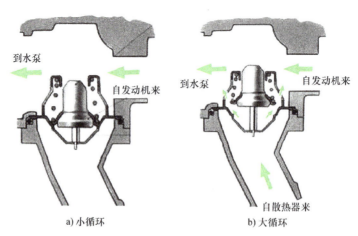

图 3-10　小循环与大循环

20. √　气缸体是装配基体。气缸体上半部有若干个为活塞在其中运动导向的圆柱形空腔，称为气缸。下半部为支承曲轴的曲轴箱，其内腔为曲轴运动的空间。气缸体和曲轴箱通常制成一体，由灰铸铁或铝合金铸造。

气缸体内部铸有冷却水套和润滑油道，还铸有很多加强筋，以增加其刚度和强度。

21. ×　燃烧室的形状对发动机的工作影响很大，由于汽油机和柴油机的燃烧方式不同，燃烧室的结构差别较大。汽油机的燃烧室主要在气缸盖上，而柴油机的燃烧室主要在活塞顶部的凹坑。所以柴油机活塞顶部一般是凹形的，不是平顶的。

22. √　飞轮是中间薄而轮缘厚的圆盘，转动惯量较大。其主要功用是利用做功行程的惯性力，克服其他行程中的阻力，带动活塞越过上、下止点，保证曲轴的旋转角速度和输出转矩尽可能均匀，并使发动机有可能克服短时间的超载荷。此外，飞轮又往往用作摩擦式离合器的驱动件。

23. √　轿车一般使用液力挺柱，不需要留有气门间隙。

24. √

模块三 底盘检修

一、考核范围

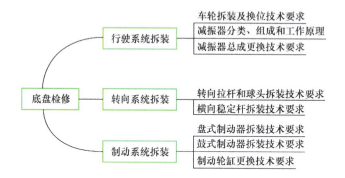

二、考核要点详解

知识点1：车轮拆装技术要求

1）按对角线位置将螺母拧松。拧松轮胎螺母时要注意用力方向：逆时针方向为拧松；顺时针方向为拧紧。另外，由于固定车轮的螺母拧得很紧，因此要用很大的力量。

2）用千斤顶支起车辆。逐个拧松螺母之后，用千斤顶将车辆局部升起来。使用千斤顶时要注意：车底两侧均有放置千斤顶的卡槽，一定要将千斤顶放在卡槽内，避免发生意外。

3）车轮上升。当千斤顶顶起车辆局部位置，车轮距离地面4~5cm时，应停止上升。

4）按对角线顺序拧下螺母。

5）双手紧紧抓住轮胎两侧迅速取下。

6）将轮胎取下后，应使有轮辋的一面朝上。

7）安装车轮时按拆卸相反的顺序进行。

技术要求：

1）拆卸时要先松开固定螺母，然后再用千斤顶将车顶起。

2）使用千斤顶时要将千斤顶放置在车底两侧的卡槽内。

3）在拧紧螺母时切记不要按照顺时针或逆时针将螺母依次拧上，而是要按照对角线的顺序来拧螺母。用对角线的方式拧上螺母，且在拧螺母时每颗螺母拧的圈数保持一致，目的是保证螺母受力均匀。

4）螺母都拧上之后，将千斤顶移走，使车辆重回地面，然后按照上述拧螺母的顺序将每颗螺母拧紧。拧紧力矩一般为110N·m。

知识点 2：轮胎换位技术要求

1. 中型货车的轮胎换位

1）交叉换位，如图 3-11a 所示。

2）循环换位，如图 3-11b 所示。

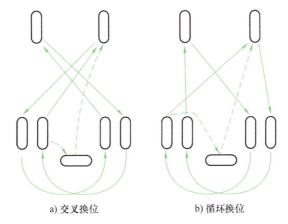

a）交叉换位　　　b）循环换位

图 3-11　中型货车的轮胎换位

2. 重型货车的轮胎换位（见图 3-12）

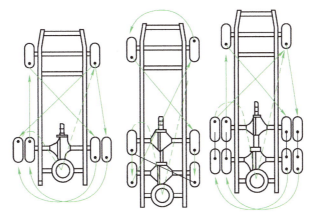

图 3-12　重型货车的轮胎换位

3. 轿车及小客车的轮胎换位

1）交叉换位，如图 3-13a 所示。

2）循环换位，如图 3-13b 所示。

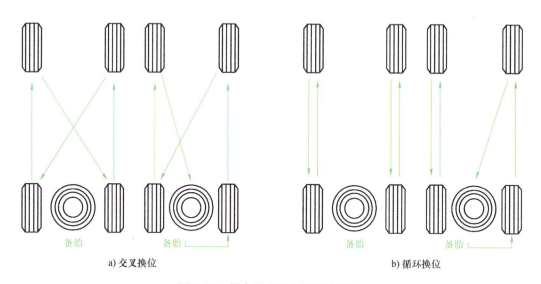

图 3-13 轿车及小客车的轮胎换位

知识点 3：减振器失效、损坏的判断方法

1）车辆后减振器判断方法：将车辆放在平坦处，用手向下按压行李舱（SUV 行李舱盖在打开的情况下进行）然后松开，若车辆在维持两三次的跳跃回弹后停止则视为正常。

2）车辆前减振器判断方法：将车辆停放在平坦处，用力按下保险杠（按压车头部分也可以）然后松开，如果车辆有两三次跳跃回弹，则说明减振器工作良好。

3）在低速行驶的状况下，突然紧急制动，如果发现车辆抖动比较厉害，并且人体感觉不舒服，那么减振器损坏的可能性就非常大了。

4）车辆在道路条件较差的路面上行驶 10km 左右后停车，用手摸减振器外壳，如果感觉外壳没有一定的热量或者一直就是冰凉的话，说明减振器内部无阻力，减振器工作不正常。

5）将车辆举升或者将车轮打转，检查减振器外观，如果有明显油渍（一般是超过减振器总长度的 1/2），建议更换。

6）将减振器防尘套掰开，如果看到缓冲块胶套有破损的地方，大部分情况下减振器也会因受到严重的冲击而损坏。

7）拆卸后的检测。在减振器放松的状态下用手推拉减振器挺杆 5~8 次，减振器最后能自动伸出。以最后 2~3 次的推拉感觉对减振器阻尼力进行判断，如果收放有适当的阻尼力且最后又能自然伸出，则表明减振器是正常的。

知识点4：减振器更换注意事项

1）为保证减振器的一致性，最好成对更换减振器（前悬架、后悬架分别为一对，同一品牌一致性会更好）。

2）减振器顶部的轴承要加润滑油（脂），防水防尘罩要装到位，保证不破损。

3）防尘罩应安装在减振器伸缩挺杆的中心位置。

4）减振弹簧的上端盖是有固定卡口的，要对准卡口才能上紧螺母。

5）将缓冲块胶套套进减振器伸缩挺杆后，才能安装弹簧。

6）在安装好减振弹簧后，将减振器安装在悬架上时，如果发现下平衡杆球头不能轻松安装，只需用撬棍往下压下平衡杆，就能轻松将球头螺母插入减振器螺母孔了。

知识点5：转向拉杆的作用

转向拉杆是汽车转向机构中的重要零件，它直接影响汽车操纵的稳定性、运行的安全性和轮胎的使用寿命。转向拉杆分为两类，即转向直拉杆与转向横拉杆。

知识点6：转向横拉杆

转向横拉杆用钢管制成，其两端有螺纹，一端为右旋，另一端为左旋，与横拉杆接头旋装连接，两端接头结构相同。接头的螺纹孔壁上开有轴向切口，故具有弹性，旋装到杆体上后可用螺栓夹紧。旋松夹紧螺栓以后，转动横拉杆体，可改变转向横拉杆的总长度，从而调整转向轮前束。

在横拉杆两端的接头上都装有球头销等零件组成的球形铰链。球头销的球头部分被夹在上、下球头座内，球头座用聚甲醛制成，有较好的耐磨性。装配时上、下球头座凹凸部分互相嵌合。弹簧通过弹簧座压向球头座，以保证两球头座与球头紧密接触，在球头和球头座磨损时能自动消除间隙，同时还起缓冲作用。弹簧的预紧力由螺塞调整。球铰上部有防尘罩，以防止尘土侵入。球头销的尾部锥形柱与转向梯形臂连接，并用螺母固定，用开口销锁紧。

知识点7：横向稳定杆的作用

横向稳定杆的作用是防止车身在转弯时发生过大的横向侧倾，尽量使车身保持平衡，目的是减少汽车横向侧倾程度和改善平顺性。横向稳定杆实际上是一个横置的扭杆弹簧，在功能上可以看成是一种特殊的弹性元件。当车身只做垂直运动时，两侧悬架变形相同，横向稳定杆不起作用。当汽车转弯时，车身侧倾，两侧悬架跳动不一致，外侧悬架会压向稳定杆，稳定杆就会发生扭曲，杆身的弹力会阻止车轮抬起，从而使车身尽量保持平衡，起到横向稳定的作用。

知识点 8：定钳盘式制动器

定钳盘式制动器的旋转元件是制动盘，它和车轮固装在一起旋转，以其端面为摩擦工作表面。其固定元件是制动块、导向支承销、轮缸和活塞，它们均被安装于制动盘两侧的钳体上，总称为制动钳。制动钳用螺栓与转向节或桥壳上的凸缘固装，并用调整垫片来调整制动钳与制动盘之间的相对位置。

制动时，油液被压入内、外两轮缸中，经液压作用的活塞朝制动盘方向移动，推动制动块紧压制动盘，产生摩擦力矩而制动。在此过程中，轮缸槽内的矩形橡胶密封圈的刃边在摩擦力的作用下产生微量的弹性变形。

解除制动时，液压系统压力消除，密封圈恢复到其初始位置，活塞和制动块依靠密封圈的弹力和弹簧的弹力回位。由于矩形橡胶密封圈刃边的变形量很微小，在不制动时，摩擦片与制动盘之间的间隙每边只有 0.1mm 左右，它足以保证制动的解除。

知识点 9：浮钳盘式制动器

浮钳盘式制动器由制动盘、制动块、制动钳、制动钳支架、制动轮缸等组成。

知识点 10：拆装盘式制动器时的注意事项

1）拆卸时应小心，不要损伤制动软管，也不要踩制动踏板。

2）在分解制动轮缸时，不得使用压力高的压缩空气将活塞推出轮缸外，以免活塞从轮缸射出而伤人或损伤活塞，应使用压力适中的压缩空气逐渐把活塞推出。当用压缩空气推出活塞时，不允许将手指放置在活塞的前方。要用一字槽螺钉旋具拆下活塞密封，注意不要损伤轮缸孔内表面及密封圈。

3）安装时先（按照标记）装上制动盘和制动钳支架（螺栓拧紧力矩为 70N·m），并放好制动摩擦片。

4）安装制动钳时应先均匀地在衬套的内表面涂一层润滑脂，再安装制动钳、制动钳定位螺栓（拧紧力矩为 40N·m）、衬套和定位弹簧。

5）最后按照拆卸时的标记安装车轮。

6）装复完毕后，应用力踩几次制动踏板，使制动器自动将间隙调整到正确的位置。

知识点 11：鼓式制动器

简单的鼓式制动器由旋转部分、固定部分、促动装置和定位调整装置组成。

1. 旋转部分

旋转部分多为制动鼓。制动鼓通常为铸件，对于受力小的制动鼓也可用钢板冲压而成。

2. 固定部分

固定部分是制动底板和制动蹄。制动底板固装在车桥的凸缘盘上，通过支承销与制动蹄相连。制动蹄常用钢板冲压后焊接而成，也可用铸铁或有色金属铸成，采用T形截面，以增大刚度。摩擦片采用粘接或铆接的方式固定于制动蹄上。

3. 促动装置

促动装置的作用是对制动蹄施加力以使其向外张开。常用的促动装置有制动凸轮和制动轮缸

4. 定位调整装置

制动蹄在不工作时，其摩擦片与制动鼓之间应有合适的间隙，此间隙一般在0.25~0.5mm之间。间隙过小易造成制动解除不彻底，但间隙过大又将使制动踏板行程过大，以致驾驶人操作不便，同时也会推迟制动时刻。但是在制动过程中，摩擦片的不断磨损必将导致此间隙逐渐增大。因此，各种形式的制动器均设有检查、调整此间隙的装置。

定位调整装置的作用是保持和调整制动蹄与制动鼓间正确的相对位置。

知识点 12：拆装鼓式制动器注意事项

1）在拆装过程中，必须更换损坏的零件。当摩擦片表面与铆钉头的距离小于0.5mm时，必须更换摩擦片。

2）摩擦片表面和制动鼓内表面不得沾染任何油污，否则必须用汽油把油污清洗干净，并用砂纸磨去浸入摩擦片的油痕。

3）蹄片轴务必锁紧，不得松动。

4）安装制动蹄时，不得损伤轮缸防尘罩。

5）装复过程中，两制动蹄的位置不能互换。

6）靠下压压簧和旋转制动蹄固定销装上制动蹄。

7）安装制动鼓前，应将制动蹄与制动鼓的间隙调整至最大。

8）按规定力矩拧紧车轮螺母。

注意：如果制动管曾从制动分泵上断开过，应给制动系统排气。

9）所有工作完成后，用294N左右的力踩制动踏板五次，以便达到正确的制动蹄与制动鼓的间隙。

10）检查和确认制动鼓无卡滞，制动正常后，将车进行制动试验。

知识点 13：制动轮缸的作用及结构

制动轮缸的作用是将制动主缸传来的液压力转变为使制动蹄张开的机械推力。

制动轮缸主要由缸体、活塞、皮碗、弹簧和放气螺钉等组成。

制动轮缸的缸体通常用螺钉固装在制动底板上，位于两制动蹄之间。内装铝合

金活塞，密封皮碗的刃口方向朝内，并由弹簧压靠在活塞上与其同步运动。活塞外端压有顶块并与制动蹄的上端相抵紧。在缸体的另一端装有防护罩，可防止尘土及泥土的侵入。缸体上方装有放气螺塞，以便放出液压系统中的空气。

三、练习题

（一）选择题

1. 底盘是汽车构成的基础，由（　　）、行驶系统、转向系统和制动系统四大部分组成。

   A. 变速系统　　　B. 发动机　　　C. 传动系统　　　D. 减速器

2. 离合器的主动部分是（　　）。

   A. 曲轴　　　B. 飞轮　　　C. 压盘　　　D. 分离轴承

3. 汽车传动系统的功用是将发动机发出的动力传给（　　）。

   A. 车轮　　　B. 离合器　　　C. 变速器　　　D. 驱动车轮

4. （　　）装置用于防止汽车变速器自动脱档。

   A. 自锁　　　B. 互锁　　　C. 倒档锁　　　D. 操纵

5. 汽车变速器（　　）装置用于防止驾驶人误挂倒档。

   A. 自锁　　　B. 互锁　　　C. 倒档锁　　　D. 中央锁

6. 汽车（　　）主减速器多采用一对大小不等的锥齿轮传动机构。

   A. 单级　　　B. 双级　　　C. 三级　　　D. 多级

7. 主减速器的功用是（　　）。

   A. 降速增矩　　　B. 降速降矩　　　C. 增速增矩　　　D. 增速降矩

8. 汽车转向过程中，两半轴以（　　）转速旋转。

   A. 不同　　　B. 相同　　　C. 较大　　　D. 较小

9. 汽车（　　）的作用是传递车架与车轮之间的各方向作用力及其所产生的弯矩和扭矩。

   A. 车架　　　B. 车桥　　　C. 悬架　　　D. 车轮

10. 独立悬架在（　　）上广泛应用。

    A. 中型汽车　　　B. 重型汽车　　　C. 轿车　　　D. 挂车

11. 汽车前轮、前轴、转向节与车架的相对安装位置称为（　　）。

    A. 转向轮定位　　　B. 主销后倾　　　C. 主销内倾　　　D. 后轮定位

12. 循环球式转向器一般由（　　）套传动副组成。

    A.1　　　B.2　　　C.3　　　D.4

13. （　　）装置用于汽车行驶时减速或停车。

    A. 行车制动　　　B. 驻车制动　　　C. 完全制动　　　D. 中央制动

14. 转向器、变速器、驱动桥的润滑油面应在检视口下沿（　　）。

A. 0~10mm　　　B. 0~15mm　　　C. 10~15mm　　　D. 15~20mm

15. 转向器的主要功用是（　　　）。
A. 增大转向盘传到转向垂臂的力　　B. 减小转向盘传到转向垂臂的力
C. 保持直线行驶　　　　　　　　　D. 保持转向行驶

16. 循环球式转向器的第一级传动副为（　　　）。
A. 螺杆与齿扇　B. 螺杆与螺母　C. 螺杆与齿条　D. 齿条与齿扇

17. 夏利 TJ7100U 型轿车装备（　　　）式转向器。
A. 循环球　　　B. 蜗杆指销　　C. 齿轮齿条　　D. 蜗杆蜗轮

18. 一般转向盘的自由行程为（　　　）。
A. 5°~10°　　　B. 10°~15°　　　C. 15°~20°　　　D. 10°~25°

19. 变速器由（　　　）组成。
A. 变速传动机构和变速操纵机构　　B. 变速传动机构和变速器壳
C. 变速器壳和变速操纵机构　　　　D. 变速器壳和变速传动机构

20. 二轴式变速器共有（　　　）个前进档。
A. 3　　　　　B. 4　　　　　C. 5　　　　　D. 6

21. 离合器位于发动机与变速器之间，其主动部分与发动机的（　　　）连接，从动部分与变速器连接。
A. 曲轴　　　　B. 飞轮　　　　C. 压盘　　　　D. 分离轴承

22. 离合器使（　　　）与传动系统逐渐接合，保证汽车平稳起步。
A. 发动机　　　B. 变速器　　　C. 车轮　　　　D. 车架

23. 汽车万向传动装置一般由万向节、（　　　）和中间支撑组成。
A. 传动轴　　　B. 半轴　　　　C. 横拉杆　　　D. 纵拉杆

24. 半轴是在汽车（　　　）与驱动轮之间传递转矩的轴。
A. 差速器　　　B. 主减速器　　C. 传动轴　　　D. 变速器

25. 非独立悬架在（　　　）上广泛应用。
A. 轿车　　　　B. 豪华轿车　　C. 中型轿车　　D. 中、重型汽车

26. 机械转向系统由转向操纵机构、转向器和（　　　）三部分组成。
A. 转向节　　　B. 左右梯形臂　C. 转向直拉杆　D. 转向传动机构

27. 汽车转向器的功用是（　　　）转向盘传到转向轮上的转向力矩，并改变力的传递方向。
A. 改变　　　　B. 增大　　　　C. 减小　　　　D. 不变

28. 固定在汽车车轮上的旋转元件是（　　　）。
A. 制动盘　　　B. 制动块总成　C. 活塞　　　　D. 钳形支架

29. 多数载货汽车的驻车制动器安装在（　　　）之后。
A. 传动轴　　　B. 发动机　　　C. 变速器或分动器　D. 车轮

30. （　　）装置用于使停驶的汽车驻留原地不动。
   A. 行车制动　　B. 驻车制动　　C. 完全制动　　D. 液压制动
31. 目前采用的汽车气压制动系统中，多为（　　）气压制动传动机构。
   A. 单管路　　B. 双管路　　C. 三管路　　D. 四管路
32. 三轴式变速器的主轴不包括（　　）。
   A. 输入轴　　B. 倒档轴　　C. 中间轴　　D. 输出轴
33. 变速器的输入轴、输出轴、中间轴是相互（　　）的，安装于壳体上。
   A. 垂直　　B. 平行　　C. 斜交　　D. 重合
34. 为了保证传动轴的等速性，安装传动轴时必须使主动轴上的两个万向节叉处于（　　）。
   A. 同一条直线上　B. 相互垂直　　C. 同一平面上　D. 相互平行
35. 使发动机、变速器、传动轴、前后桥、车身等总成和部件保持相对安装位置的是（　　）。
   A. 车架　　B. 车桥　　C. 车轮　　D. 悬架
36. 下列属于转向轮定位参数的是（　　）。
   A. 主销外倾　　B. 主销前倾　　C. 后轮外倾　　D. 前轮前束
37. 一般主销安装在（　　）上。
   A. 车轮　　B. 前轴　　C. 轮毂　　D. 轮辋
38. 独立悬架的车桥一般是（　　）。
   A. 断开的　　B. 整体的　　C. 不一定　　D. 半断开的
39. 耐磨性好、滚动阻力小、减振性和附着性好、质量轻的轮胎是（　　）。
   A. 无内胎轮胎　B. 普通斜交轮胎　C. 子午线轮胎　D. 高压胎
40. 汽车重载时，上坡打滑明显，严重时可嗅到离合器摩擦片的焦臭味，说明离合器（　　）。
   A. 发抖　　B. 打滑　　C. 分离不彻底　　D. 异响
41. 离合器踏板自由行程过大会造成离合器（　　）。
   A. 打滑　　B. 分离不彻底　　C. 发抖　　D. 异响
42. 一次同时挂上两个档位，是变速器（　　）故障。
   A. 漏油　　B. 乱档　　C. 换档困难　　D. 自动脱档
43. 抬起制动踏板后，制动阀排气缓慢或不排气，不能立即解除制动，这是（　　）现象。
   A. 轮毂过热　　B. 制动传动装置引起的不正常制动、拖滞故障
   C. 轮毂异响　　D. 鼓式制动器机械故障引起的不正常制动、拖滞故障
44. 汽车的轮毂轴承松旷会导致（　　）故障。
   A. 轮毂过热　　B. 制动传动装置引起不正常制动、拖滞

C. 轮毂异响　　　D. 鼓式制动器机械故障引起不正常制动、拖滞

45. 当松抬加速踏板踏下离合器踏板时，尚有制动感觉，这是（　　）。
A. 轮毂过热　　B. 制动传动装置引起的不正常制动、拖滞故障
C. 轮毂异响　　D. 鼓式制动器机械故障引起的不正常制动、拖滞故障

46. 各齿轮工作表面轻微剥落或点蚀面积应不大于总面积的25%，齿轮损伤不超过齿高的（　　）和齿长的（　　），数量不多于3齿。
A. 1/3，1/4　　B. 1/2，1/2　　C. 1/3，1/5　　D. 1/2，1/3

47. 翻新胎、有损伤的轮胎或磨损比较严重的轮胎不得装到（　　）上。
A. 左后轮　　B. 右后轮　　C. 前轮　　D. 后轮

48. 从离合器踏板到分离叉之间的各杆件统称为（　　）。
A. 操纵机构　　B. 分离机构　　C. 压紧装置　　D. 从动部分

49. 汽车变速器（　　）的主要作用是改变转矩、转速和旋转方向。
A. 变速操纵机构　B. 变速传动机构　C. 安全装置　D. 齿轮

50. 采用两对齿轮传动的称为（　　）主减速器。
A. 单级　　B. 双级　　C. 三级　　D. 多级

51. 汽车（　　）将万向传动装置传来的动力传给驱动车轮。
A. 前桥　　B. 后桥　　C. 支承桥　　D. 驱动桥

52. 汽车前桥一般是（　　）
A. 转向桥　　B. 驱动桥　　C. 转向驱动桥　　D. 支持桥

53. （　　）将汽车构成一个整体，支撑汽车全部质量。
A. 传动系统　　B. 制动系统　　C. 转向系统　　D. 行驶系统

54. 主销安装在汽车前轴上，其上端略向内倾斜，称为（　　）。
A. 主销后倾　　B. 主销内倾　　C. 主销前倾　　D. 主销外倾

55. 蜗杆指销式汽车转向器的传动副是（　　）。
A. 轴承与壳体　　　　　　B. 调整螺塞与壳体
C. 摇臂轴与壳体　　　　　D. 蜗杆和指销

56. 汽车的制动装置都利用（　　）来产生制动作用。
A. 机械摩擦　　B. 吸引　　C. 固定　　D. 磨合

57. 按照传动副结构形式的不同，转向器的类型不包括（　　）。
A. 循环球式　　　　　　　B. 蜗杆曲柄指销式
C. 液压式　　　　　　　　D. 齿轮齿条式

58. 循环球式转向器的第二级传动副为（　　）。
A. 螺杆与齿扇　B. 螺杆与螺母　C. 螺杆与齿条　D. 齿条与齿扇

59. 连接左右梯形臂的杆件是（　　）。
A. 转向横拉杆　B. 转向直拉杆　C. 转向螺杆　　D. 转向器

60. 等速万向节的常见结构形式有（　　）和球叉式。
A. 十字轴式　　　B. 球笼式　　　C. 星形式　　　D. 平行叉式
61. 膜片弹簧离合器的膜片弹簧起（　　）作用。
A. 复位　　　B. 分离杠杆　　　C. 支承　　　D. 拉伸
62. 检查转向盘的转动力矩应用（　　）。
A. 手感　　　B. 拉器　　　C. 弹簧秤　　　D. 扭力扳手
63. 变速传动机构的作用是（　　）。
A. 改变转矩的数值　　　　　B. 改变方向
C. 改变转矩的数值和方向　　D. 改变传动比
64. 变速器（　　）前端插入发动机曲轴后端凸缘承孔中。
A. 输入轴　　　B. 输出轴　　　C. 变速器壳体　　　D. 倒档轴
65. （　　）暂时切断发动机与传动系统的联系，便于变速器顺利换档。
A. 飞轮　　　B. 离合器　　　C. 压盘　　　D. 分离轴承
66. 汽车万向传动装置中，等角速万向节主动轴和从动轴的角速度（　　）。
A. 不相等　　　B. 相等　　　C. 一慢一快　　　D. 没有联系
67. 差速器的功用是汽车转向时，允许（　　）以不同转速旋转。
A. 前后传动轴　　　　　B. 前后轮
C. 左右半轴　　　　　　D. 变速器一二轴
68. （　　）的主要作用是提高汽车前轮行驶的安全性。
A. 主销后倾　　　B. 主销内倾　　　C. 车轮外倾　　　D. 前轮前束
69. 转向系统的作用是实现汽车（　　）的改变和保持汽车稳定的行驶路线。
A. 速度　　　B. 动力　　　C. 行驶方向　　　D. 加速度
70. 目前各种轿车广泛采用（　　）式制动器作为车轮制动器。
A. 凸轮　　　B. 全盘　　　C. 钳盘　　　D. 轮缸
71. （　　）制动器因其诸多优点而广泛用作汽车驻车制动器。
A. 鼓式　　　B. 盘式　　　C. 带式　　　D. 其他形式
72. 上海桑塔纳轿车采用（　　）液压制动传动装置。
A. 单回路　　　　　　B. 双回路
C. 前后独立式双回路　D. 交叉式双回路
73. 三轴式变速器共有（　　）个前进档。
A. 3　　　B. 4　　　C. 5　　　D. 6
74. 十字轴式万向节允许相邻两轴的最大交角为（　　）。
A. 10°~20°　　　B. 15°~25°　　　C. 20°~30°　　　D. 25°~35°
75. 车桥通过（　　）与车架相连接。
A. 悬架　　　B. 车轮　　　C. 轮毂　　　D. 前轴

76.（　　）两端是安装车轮的。
   A. 车轮　　　B. 车桥　　　C. 车架　　　D. 悬架

77. 一般汽车的主销后倾角在（　　）以内。
   A. 1°　　　　B. 2°　　　　C. 3°　　　　D. 4°

78. 一般汽车的主销内倾角为（　　）。
   A. 2°~3°　　B. 4°~6°　　C. 5°~8°　　D. 7°~9°

79. 汽车所有的减振器绝大多数采用（　　）。
   A. 液力式　　B. 气压式　　C. 空气式　　D. 电力式

80. 汽车起步时，完全放松离合器踏板，汽车仍不能行走，可能是离合器（　　）。
   A. 打滑　　　B. 分离不彻底　　C. 发抖　　　D. 异响

81. 造成离合器打滑的原因是自由行程（　　）。
   A. 过大　　　B. 过小　　　C. 均不对　　D. 适中

82. 变速器齿轮油从上盖、前后轴承盖或其他部位渗漏，属于变速器（　　）故障。
   A. 漏油　　　B. 乱档　　　C. 换档困难　　D. 自动脱档

83. 变速器操纵机构互锁装置损坏，会导致（　　）。
   A. 漏油　　　B. 乱档　　　C. 换档困难　　D. 自动脱档

84. 没踩制动踏板车轮就有制动作用，导致起步困难，这是（　　）现象。
   A. 轮毂过热　　B. 制动传动装置引起的不正常制动、拖滞故障
   C. 轮毂异响　　D. 鼓式制动器机械故障引起的不正常制动、拖滞故障

85. 踏下制动踏板感觉到高而硬，踏不下去，这是（　　）现象。
   A. 轮毂过热　　B. 制动传动装置引起的不正常制动、拖滞故障
   C. 轮毂异响　　D. 鼓式制动器机械故障引起的不正常制动、拖滞故障

86. 制动蹄摩擦片与制动鼓间隙过小，制动蹄复位弹簧过软或折断，会导致（　　）。
   A. 轮毂过热　　B. 鼓式制动器机械故障引起的不正常制动、拖滞故障
   C. 轮毂异响　　D. 制动传动装置引起的不正常制动、拖滞故障

87. 左右钢板弹簧片总数相等，总厚度差应不大于（　　）mm，弧高差应不大于（　　）mm。
   A. 2，4　　　B. 3，6　　　C. 4，8　　　D. 5，10

88. 压紧的钢板弹簧在其中部各片应紧密贴合，且相邻两片在总接触长度1/4的长度内的间隙一般应不大于（　　）mm。
   A. 0.6　　　B. 0.8　　　C. 1　　　　D. 1.2

89. 若汽车上、下坡时驱动桥有异响，最可能的原因是（　　）。

A. 轮毂轴承松旷

B. 差速器轴承损坏

C. 主、从动锥齿轮的啮合间隙和痕迹不符合要求

D. 轮辋变形

90.（　　）离合器操纵机构主要由主缸、工作缸和管路系统组成。

A. 机械式　　　B. 液压式　　　C. 气压式　　　D. 气动式

91. 汽车变速器由（　　）和变速操纵机构组成。

A. 齿轮　　　B. 传动齿轮　　　C. 变速传动机构　　　D. 普通斜齿轮

92. 传动比（　　）时，降速传动。

A. $i>1$　　　B. $i<1$　　　C. $i=1$　　　D. $i\leq 1$

93. 在汽车万向传动装置中，当十字轴内腔润滑脂压力过大时，会顶开（　　），使多余润滑脂外溢。

A. 滑脂嘴　　　B. 油封　　　C. 滚针　　　D. 安全阀

94. 汽车单级主减速器多采用一对大小不等的（　　）传动机构。

A. 直齿轮　　　B. 斜齿轮　　　C. 锥齿轮　　　D. 花键

95. 汽车在平直路面上行驶时，差速器（　　）。

A. 不起差速作用　　　B. 起差速作用

C. 不起减速作用　　　D. 起减速作用

96. 汽车（　　）和支持桥都属于从动桥。

A. 转向桥　　　B. 驱动桥　　　C. 转向驱动桥　　　D. 中桥

97. 汽车悬架是（　　）与车桥之间的弹性传力装置。

A. 车架　　　B. 车轮　　　C. 减振器　　　D. 车厢

98. 汽车应用的非独立悬架，广泛采用（　　）作为弹性元件。

A. 螺旋弹簧　　　B. 钢板弹簧　　　C. 减振器　　　D. 扭杆弹簧

99. 通过改变（　　）的长度可以调整汽车前轮前束的大小。

A. 横拉杆　　　B. 直拉杆　　　C. 前轴　　　D. 后轴

100. 汽车转向直拉杆是连接（　　）和转向节臂的杆件。

A. 转向器　　　B. 转向盘　　　C. 转向摇臂　　　D. 前轮

101. 当制动力（　　）附着力时，车轮将被抱死而在路面上滑移。

A. 大于　　　B. 等于　　　C. 小于　　　D. 不确定

102. 变速器输出轴后端是靠（　　）安装于后壳体上的。

A. 壳体　　　　　　　　B. 单列圆锥滚子轴承

C. 双列圆柱滚子轴承　　D. 双列圆锥滚子轴承

103. 北京 BJ202、BJ1050 型汽车使用的转向器为（　　）。

A. 蜗杆曲柄指销式　　　B. 蜗轮蜗杆式

C. 循环球式　　　　　　　　　　D. 球面蜗杆滚轮式

104. 横拉杆两端的管螺纹（　　　）。
A. 两端都为左旋　　　　　　　　B. 两端都为右旋
C. 一端左旋，一端右旋　　　　　D. 两端旋向相同

105. 双片离合器采用（　　　）个从动盘。
A. 1　　　　B. 2　　　　C. 3　　　　D. 4

106. 车辆齿轮油按表观黏度为150000mPa·s时的最高温度和100℃时的运动黏度分为几个牌号，下列不属于黏度牌号的是（　　　）。
A. 85W　　　B. 75W　　　C. 80W　　　D. 100W

107. 十字轴与轴承的配合间隙不得大于（　　　）mm。
A. 0.15　　　B. 0.20　　　C. 0.25　　　D. 0.30

108. 二轴式变速器的主轴包括（　　　）。
A. 输入轴和中间轴　　　　　　　B. 输入轴和输出轴
C. 中间轴和输出轴　　　　　　　D. 倒档轴和中间轴

109. 汽车传动系统中用得最多的万向节是（　　　）。
A. 球笼式万向节　　　　　　　　B. 双联式万向节
C. 三销轴式万向节　　　　　　　D. 十字轴式万向节

110. 汽车单级主减速器中的小齿轮称为（　　　）。
A. 主动轮　　B. 从动轮　　C. 惰轮　　D. 过桥轮

111. 汽车转向系统中各连接零件和传动副之间存在着一定间隙，这使转向盘在转向轮发生偏转前能转过一定角度，这段角行程称为（　　　）。
A. 转向盘自由行程　　　　　　　B. 转向盘行程
C. 自由行程　　　　　　　　　　D. 有效行程

112. 蜗杆曲柄指销式汽车转向器的传动副是（　　　）。
A. 轴承与壳体　　　　　　　　　B. 调整螺塞与壳体
C. 摇臂轴与壳体　　　　　　　　D. 蜗杆和指销

113. 汽车制动系统可以按需要使汽车（　　　）。
A. 匀速行驶　　　　　　　　　　B. 加速行驶
C. 减速或停车　　　　　　　　　D. 加速或减速

114. 鼓式制动器通过（　　　）挤压随车轮同步旋转的制动鼓的内侧面而获得制动力。
A. 制动蹄片　　B. 回位弹簧　　C. 支承销　　D. 制动气管

115. （　　　）制动器可在行车制动装置失效后用于应急制动。
A. 盘式　　　B. 鼓式　　　C. 驻车　　　D. 行车

116. 汽车制动器（　　　）的作用是将由制动踏板输入的机械推力转换成液压力。
A. 制动主缸　　B. 推杆　　　C. 后活塞　　D. 制动轮缸

117. 三轴式变速器的第（　　）档属于直接档。
A.1　　　　　B.2　　　　　C.4　　　　　D.5

118. 载货汽车的传动轴一般分为（　　）段。
A.一　　　　　B.二　　　　　C.三　　　　　D.四

119. （　　）是整个汽车安装的基础。
A.车桥　　　　B.车架　　　　C.车轮　　　　D.悬架

120. 越野汽车的前桥属于（　　）。
A.转向桥　　　B.驱动桥　　　C.转向驱动桥　　D.支持桥

121. 当汽车转向后，有使前轮能自动回正作用的是（　　）。
A.主销后倾　　B.车轮外倾　　C.后轮外倾　　　D.前轮前束

122. 前轮外倾角是由转向节的设计制造来保证的，一般为（　　）左右。
A.1°　　　　　B.2°　　　　　C.3°　　　　　D.4°

123. 轮胎的种类中，现代汽车上广泛应用的是（　　）。
A.子午线轮胎　　　　　　　B.普通斜交轮胎
C.无内胎轮胎　　　　　　　D.高压胎

124. 汽车加速时，车速和发动机转速不同步，可能是离合器（　　）。
A.发抖　　　　B.分离不彻底　　C.打滑　　　　D.异响

125. 制动鼓进水或摩擦片沾油，会导致（　　）。
A.轮毂过热　　B.鼓式制动器机械故障引起不正常制动、拖滞
C.轮毂异响　　D.制动传动装置引起不正常制动、拖滞

126. 安装传动轴应从（　　）开始。
A.前端　　　　B.后端　　　　C.中间　　　　D.前后都可以

127. 安装传动轴时应注意，润滑脂嘴（　　），两端的万向节叉在同一平面内。
A.相对并在一条直线上　　　B.相反并在一条直线上
C.相对不在一条直线上　　　D.相反不在一条直线上

128. 在轮缸装于制动底板上的情况下可分解或检查轮缸，所以除了需要更换轮缸总成外，一般（　　）从制动底板上卸下轮缸。
A.不必　　　　B.必须　　　　C.随意　　　　D.没有要求

129. 我国同大多数国家一样都采用英制表示轮胎规格，高压胎的表示方法为（　　）。
A. $D—B$　　　B. $B—d$　　　C. $D \times B$　　　D. $B \times d$

(二) 判断题

（　　）1. 挂车上的车桥都是支持桥。

（　　）2. 汽车转向系统按结构的不同，分为机械转向系统和动力转向系统。

（　　）3. 作为旋转元件的制动蹄，随同汽车车轮旋转。

（　　）4. 循环球式转向器一般为一级传动副。

（　　）5. 汽车传动系统中用得最多的是十字轴式刚性万向节。

（　　）6. 整个汽车的基础是车架。

（　　）7. 独立悬架的结构特点是车桥不是断开的。

（　　）8. 轮胎换位后轮胎应按新的规定值充气。

（　　）9. 单片离合器多用在载货汽车上。

（　　）10. 变速器操纵机构由变速杆、拨叉、拨叉轴等机件组成。

（　　）11. 载货汽车传动轴一般为一根，以利于动力传动。

（　　）12. 汽车的悬架可分为非独立悬架与独立悬架两大类。

（　　）13. 轮胎换位不论采用哪一种方法，只能一用到底，不可改变。

（　　）14. 前轮前束的调整是靠改变横拉杆长度来实现的。

（　　）15. 油底壳底部放油孔用带磁性的螺塞堵封，目的是吸附机油中的铁屑，减少发动机磨损。

（　　）16. 汽车直线行驶时，差速器不起差速作用。

（　　）17. 减振器的作用是利用液体流动的阻力来加速衰减车身的振动，以改善汽车行驶的平顺性。

（　　）18. 转动转向横拉杆可调整汽车前轮前束。

（　　）19. 汽车离合器的功用之一是防止传动系统过载。

（　　）20. 根据车桥作用不同，车桥分为整体式和断开式。

（　　）21. 汽车转向器的功用是改变汽车直线行驶的稳定性。

（　　）22. 制动轮缸的作用是将主缸传来的液压力转变为使制动蹄张开的机械推力。

（　　）23. 十字轴式刚性万向节允许相邻两轴的最大交角为90°。

（　　）24. 一般汽车的主销内倾角为1°~3°。

（　　）25. 目前各种轿车和轻型货车广泛采用钳型盘式制动器。

（　　）26. 转向盘自由转动量的调整，主要是检查与调整转向器。

四、参考答案及解析

（一）选择题

1. C 汽车底盘的作用是支承、安装汽车发动机及其各部件、总成，形成汽车的整体造型，并接受发动机的动力，使汽车产生运动，保证正常行驶。汽车底盘主要由传动系统、行驶系统、转向系统和制动系统四部分组成。

2．C　离合器的主动部分与发动机的飞轮相连，主要由压盘、离合器盖等零部件组成。从动部分与变速器相连，主要由从动盘、变速器输入轴（也称离合器输出轴）等零部件组成。压紧机构主要由压紧弹簧等组成。操纵机构主要由分离杠杆、分离轴承及套筒、分离叉和离合器踏板等组成。

3．D　汽车在行驶中，随着道路条件、交通状况等的不同，要求汽车具有合适的牵引力和行驶速度，同时还要求汽车能倒向行驶、平稳起步，在弯道上行驶时能保证左右驱动轮纯滚动而不拖滑。为了满足以上要求，在传动系统中设置了离合器、变速器、万向传动装置、主减速器、差速器和半轴等总成。上述总成协同发动机工作，保证了汽车在各种不同使用条件下能正常行驶。

4．A　自锁装置由自锁钢球和自锁弹簧组成，每根拨叉轴的上表面沿轴向分布三个凹槽。当任一根拨叉轴连同拨叉一起轴向移动到空档或某一工作位置时，必有一个凹槽正好对准自锁钢球。于是，钢球在弹簧压力下嵌入该凹槽内，拨叉轴的轴向位置即被固定，从而拨叉连同滑动齿轮（或接合套）也被固定，不能自行脱出。

5．C　倒档锁是安装在换档轴上的一个拨块，作用是防止从高档直接挂入倒档，发生车毁人亡的惨剧，不过只要挂回空档，还是能挂入倒档的，只是应避免从高档直接挂入倒档。

6．A　汽车主减速器分单级主减速器和双级主减速器。单级主减速器由一对大小不等的锥齿轮及其支承装置组成。

7．A　主减速器的功用是将变速器输出的动力进一步降低转速，增大转矩，并改变旋转方向，然后传递给驱动轮，以获得足够的汽车牵引力和适当的车速。

8．A　汽车转向行驶时，两侧驱动车轮所受到的地面阻力不同。如果车辆右转，右侧（内侧）驱动车轮所受的阻力大，左侧（外侧）驱动车轮所受的阻力小。行星齿轮除了随差速器壳公转外还顺时针自转。左侧（外侧）车轮转得快，右侧（内侧）车轮转得慢，从而实现纯滚动。

9．B　车桥通过悬架和车架（或承载式车身）相连，两端安装汽车车轮。车桥的作用是安装车轮，传递车架与车轮之间的各方向作用力及其所产生的弯矩和转矩。

10．C　独立悬架是指两侧车轮分别独立地与车架（或车身）弹性相连，与其配用的车桥为断开式车桥，两侧车轮的运动是相对独立、互不影响的，在轿车上广泛应用。

11．A　为了使汽车直线稳定行驶，转向轻便，减少轮胎和转向机件的磨损，要求装配后的转向车轮、转向节主销具有一定的相对位置。转向车轮、转向节、主销和转向轴之间安装的相对位置，称作转向轮定位。它包括主销后倾、主销内倾、转向轮外倾和转向轮前束四个内容。

一般汽车多采用前轮转向，故转向轮定位过去常称为"前轮定位"。现代汽车也有后轮转向，或前、后轮转向，以适应高速行驶的要求。

12. B　循环球式转向器有两级传动副，第一级传动副是转向螺杆和转向螺母；转向螺母的下平面加工成齿条，与摇臂轴内的齿扇相啮合，构成齿条—齿扇第二级传动副，如图3-14所示。

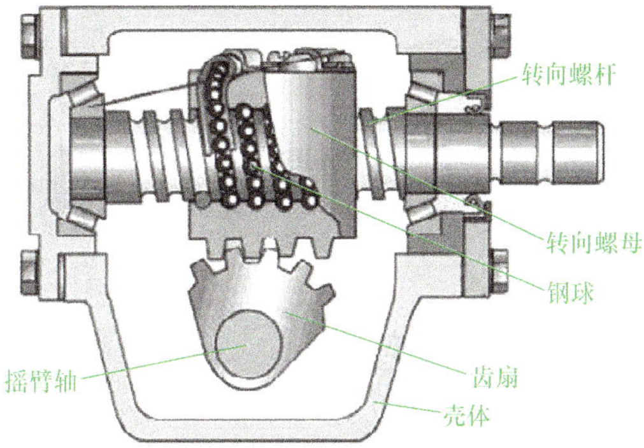

13. A　行车制动系统用于使行驶中的车辆减速或停车，制动器安装在全部车轮上，通常由驾驶人用脚操纵。

14. B

15. A　转向系统的功用是根据需要改变汽车的行驶方向和保持汽车稳定地沿直线行驶。转向系统一般由转向操纵机构、转向器和转向传动机构组成。转向器的主要功用是增大转向盘传到转向垂臂的力。

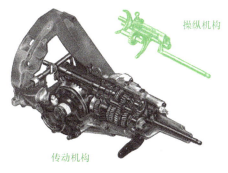

图3-14　循环球式转向器

16. B　如图3-14所示，转向螺母既是第一级传动副的从动件，也是第二级传动副的主动件。通过转向盘转动转向螺杆时，转向螺母不能随之转动，而只能沿杆轴向移动，并驱使齿扇轴转动。

17. C

18. B　转向盘自由行程是指不使转向轮发生偏转而转向盘所能转过的角度。转向盘从相应于汽车直线行驶的中间位置向任何一方向的自由行程不应超过10°~15°。

19. A　变速器由变速传动机构和变速操纵机构组成，如图3-15所示。变速传动机构的主要作用是改变转矩、转速和旋转方向；变速操纵机构的主要作用是控制变速传动机构实现变速器传动比的变换。

图3-15　变速器的组成

20. C　二轴式变速器只有输入轴和输出轴，用于发动机前置前轮驱动的汽车，一般与前驱动桥合称为手动变速驱动桥。目前，我国常见的国产轿车均采用这种变速器。

二轴式变速器具有五个前进挡和一个倒挡，全部采用锁环式惯性同步器换挡。

21. B　离合器位于发动机与变速器之间，其主动部分与发动机的飞轮连接，从动部分与变速器连接。在汽车从起步到行驶的整个过程中，驾驶人可根据需要踏下和松开离合器踏板，使发动机和变速器暂时分离和逐渐接合，以切断或传递发动机向变速器输出的动力。

22. A　解析同21。

23. A 汽车万向传动装置一般由万向节、传动轴和中间支撑组成，如图3-16所示。

图3-16 万向传动装置的组成

24. A 半轴的功用是将差速器传来的动力传给驱动轮。其因传递的转矩较大，常制成实心轴。

25. D 非独立悬架的结构特点是两侧的车轮由一根整体式车桥相连，车轮连同车桥一起通过弹性悬架与车架（或车身）连接。当一侧车轮因道路不平而发生跳动时，必然引起另一侧车轮在汽车横向平面内发生摆动。非独立悬架在中、重型汽车上广泛应用。

26. D 机械转向系统由转向操纵机构、转向器和转向传动机构三部分组成。转向操纵机构主要由转向盘、转向轴、转向管柱等组成；转向传动机构由各种杆和臂组合而成，如转向摇臂、转向节臂、转向直拉杆、转向横拉杆等，如图3-17所示。

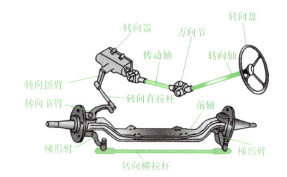

图3-17 机械转向系统的基本组成

27. B 转向器的功用是将转向盘的转动变为齿条轴的直线运动或转向摇臂的摆动，降低传动速度，增大转向力矩并改变转向力矩的传动方向。

28. A 盘式制动器的旋转元件是以端面工作的金属圆盘，被称为制动盘。固定元件则是工作面积不大的摩擦块与其金属背板组成的制动块，每个制动器中有2~4个。这些制动块及其促动装置都安装在横跨制动盘两侧的夹钳形支架中，总称为制动钳。

29. C 驻车制动器按其安装位置可分为中央驻车制动器和车轮驻车制动器两种。中央驻车制动器通常安装在变速器的后面，其制动力矩作用在传动轴上；车轮驻车制动器通常与车轮制动器共用一个制动器总成，只是传动机构是相互独立的。

30. B

31. B 双管路气压制动传动装置是利用一个双腔（或三腔）的制动控制阀和两个或三个贮气筒，组成两套彼此独立的管路，分别控制两桥（或三桥）的制动器。

现在的汽车气压制动系统中，都是要求采用双管路气压制动传动机构。

32. B 三轴式变速器主轴除输入轴和输出轴外，还设有中间轴，所以称为三轴式变速器。

33. B 三轴式变速器主轴除输入轴（第一轴）和输出轴（第二轴）外，还设有中间轴，所以称为三轴式变速器。变速器由壳体和支承轴承、输入轴、输出轴、中间轴、倒档轴、同步器及轴上的齿轮组成，具有五个前进档和一个倒车档，第五档为直接档。

34. C 为了保证两个万向节等速传动，应在安装上满足以下两个条件：

1）传动轴两端的万向节叉处于同一平面。

2）输出轴和输入轴与传动轴的夹角相等，即 $α_1=α_2$，如图3-18所示。

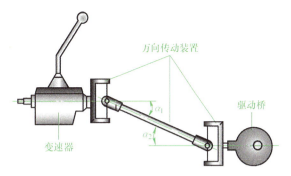

图3-18 万向传动装置的安装

35. A 车架的功用是支承连接汽车的各零部件，并承受来自车内外的各种载荷。车架是整个汽车的装配基体，汽车的绝大多数部件和总成都是通过车架来固定其位置的。

36. D 解析同11。

37. B 主销在前轴上安装，其上端略向后倾斜，称为主销后倾。在纵向垂直平面内，主销轴线与垂线之间的夹角叫作主销后倾角（$γ$），如图3-19所示。

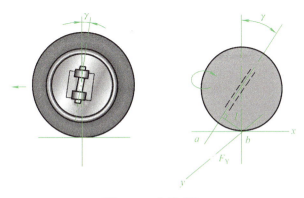

图3-19 主销后倾

38. A 悬架分为独立悬架和非独立悬架两种。非独立悬架的结构特点是两侧的车轮由一根整体式车桥相连，车轮连同车桥一起通过弹性悬架与车架（或车身）连接。独立悬架的结构特点是车桥做成断开的，每一侧的车轮可以单独地通过弹性悬架与车架（或车身）连接。

39. C　子午线轮胎与斜交轮胎相比具有行驶里程长、滚动阻力小、节约燃料、承载能力大、减振性能好、附着性能好、不易爆胎等优势，目前在汽车上应用广泛。

40. B

41. B

42. B

43. A

44. C

45. B

46. C

47. C

48. A　从离合器踏板到分离叉之间的各杆件统称为操纵机构，如图 3-20 所示。

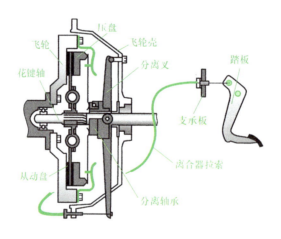

图 3-20　离合器操纵机构

49. B　解析同 19。

50. B　双级主减速器的第一级为锥齿轮传动，第二级为圆柱斜齿轮传动。

51. D

52. A　汽车前桥一般是转向桥，能使装在前桥两端的车轮偏转一定的角度，实现汽车转向。

53. D 汽车行驶系统一般由车架、车桥、车轮和悬架组成。车架是全车的装配基体，它将汽车的各相关总成连接成一个整体。车轮经轮毂轴承安装在车桥上，为减少车辆在不平路面上行驶时车身所受到的冲击和振动，车桥又通过悬架与车架相连，这样，行驶系统就连接成为一个整体。

54. B 主销在前轴上安装，其上端略向内倾斜，称为主销内倾。在横向垂直平面内，主销轴线与垂线之间的夹角叫作主销内倾角。

55. D

56. A 一般制动器的工作原理如图 3-21 所示。固定在轮毂上并同车轮一起旋转的制动鼓或制动盘与摩擦衬片在外力的作用下，产生摩擦作用使汽车减速。鼓式制动器由摩擦衬片压紧旋转的制动鼓内侧产生制动，盘式制动器由摩擦衬块夹紧制动盘产生制动。

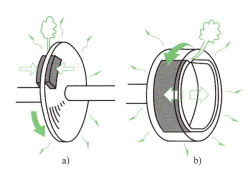

图 3-21 制动原理

57. C

58. D 解析同 16。

59. A 尽管现代汽车转向系统的结构形式多种多样，但都包括转向操纵机构、转向器和转向传动机构三个基本组成部分。

60. B

61. B 膜片弹簧离合器的膜片弹簧既是压紧机构，又起到分离杠杆的作用。

62. C

63. C 解析同 19。

64. A 变速器输入轴的前端由曲轴后端承孔支承，后端由变速器壳体前壁支承。其主动齿轮与轴制成一体，后端短齿为直接档齿圈。

65. B 解析同 21。

66. B

67. C 差速器的功用是将主减速器传来的动力传给左、右两半轴，并在必要时允许左、右半轴以不同转速旋转，以满足两侧驱动轮差速的需要。

68. C 在汽车的横向平面内，前轮中心平面向外倾斜一个角度 α，称为前轮外倾角，轮胎呈现"八"字形张开时称为负外倾，而呈现"V"字形张开时称为正外倾。前轮外倾角也具有提高转向操纵的轻便性和车轮工作安全性的作用。

69. C 汽车转向系统的功用是按照驾驶人的要求改变和保持汽车的行驶方向。按转向能源的不同，转向系统可分为机械转向系统和动力转向系统两大类。

70. C 盘式制动器根据其固定元件的结构形式可分为钳盘式制动器和全盘式制动器。钳盘式制动器按制动钳固定在支架上的结构形式可分为定钳盘式和浮钳盘式。

71. A 汽车驻车制动器一般采用鼓式制动器。

72. D 交叉式双回路液压制动传动装置（见图3-22）由双腔制动主缸通过两套独立的管路分别控制前后桥对角线方向的两个车轮制动器。这种布置方式在任一管路失效时，仍能保持一半的制动力，且前后桥制动力分配比例保持不变，有利于提高制动方向的稳定性。其主要用于发动机前置前轮驱动的轿车。

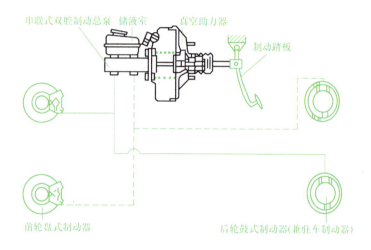

图3-22　交叉式双回路液压制动传动装置

73. C　解析同33。

74. B

75. A　解析同9。

76. B　解析同9。

77. C　为避免转向变得沉重，主销后倾角一般不超过3°。主销后倾角是由前轴、悬架和车架装配在一起时，使前轴向后倾斜而形成的。

78. C　主销内倾角的作用是使转向轮自动回正，转向轻便。主销内倾角一般不大于8°，由前轴制造加工时使主销孔向内倾斜而获得。

79. A

80. A

81. B　离合器自由行程过小会造成离合器打滑。

82. A　变速器漏油，会从上盖、前后轴承盖或其他部位渗油。

83. B

84. A

85. B

86. D

87. D

88. D

89. C

90. B

91. C 解析同 19。

92. A 对于变速器，各档的传动比 i 就是变速器输入轴转速与输出轴转速之比，即：

$$i = n_{输入}/n_{输出} = T_{输出}/T_{输入}$$

当 $i>1$ 时，为变速器的低档位，且 i 越大，档位越低；当 $i = 1$ 时，为变速器的直接档；当 $i<1$ 时，为变速器的超速档。

93. D 安全阀的作用是当十字轴内腔润滑脂压力超过允许值时，阀打开，润滑脂外溢，使油封不会因油压过高而损坏。现代汽车多采用橡胶油封，多余的润滑脂从油封内圆表面与十字轴轴颈接触处溢出。

94. C 单级主减速器由一对大小不等的锥齿轮及其支承装置组成。

95. A 主减速器传来的动力带动差速器壳转动，经过行星齿轮轴、行星齿轮、半轴齿轮、半轴，最后传给两侧驱动车轮。

汽车直线行驶时，两侧驱动车轮所受到的地面阻力相同，行星齿轮不自转，只随差速器壳和行星齿轮轴一起公转，两半轴无转速差。

96. A 根据车桥作用的不同，车桥又可分为转向桥、支持桥、驱动桥和转向驱动桥四种类型。其中，转向桥和支持桥都属于从动桥。一般汽车多以前桥为转向桥，以后桥或中后两桥为驱动桥；越野汽车的前桥则为转向驱动桥；挂车上的车桥都是支持桥。

97. A 悬架是车架（或车身）与车桥（或车轮）之间一切传力连接装置的总称。它是用来连接汽车的车架（或轻型车的车身骨架）和汽车轴、梁的，并把路面作用于车轮上的力和力矩都传递到车架（或承载式车身）上，以保证汽车正常行驶。

98. B

99. A 转向轮安装后，前两轮的旋转平面不平行，前端略向内束，这种现象称为前轮前束，如图 3-23 所示。两轮前端距离 B 小于后端距离 A，其差值（$A-B$）即为前轮前束值。前轮前束可通过调节横拉杆的长度来保证。

100. C 本题主要是考核转向传动机构。尽管现代汽车转向系统

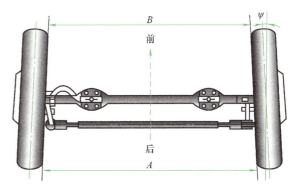

图 3-23 前轮前束

的结构形式多种多样，但都包括转向操纵机构、转向器和转向传动机构三个基本组成部分。

101. A　没有安装 ABS 的汽车，在行驶中如果用力踩下制动踏板，车轮转速会急速降低，当制动力超过车轮与地面的摩擦力时，车轮就会被抱死，完全抱死的车轮会使轮胎与地面的摩擦力下降。如果前轮被抱死，驾驶人就无法控制车辆的行驶方向；如果后轮被抱死，就极易出现侧滑现象。

102. D

103. C

104. C

105. B　双片离合器是相对于一般的离合器片而言的，双片离合器从动盘由两个离合器片组成。同样，多片离合器即离合器从动盘由多个离合器片组成。

106. D　齿轮油按 100℃时的运动黏度和表观黏度为 150000mPa·s 时的最高使用温度规定，分为 70W、75W/90、80W/90、85W/90、90、85W/140 和 250 七个黏度等级（牌号）。

107. C

108. B　二轴式变速器只有输入轴和输出轴，用于发动机前置前轮驱动的汽车。

109. D　万向节一般分为刚性万向节和柔性万向节。刚性万向节按其速度特性分为不等速万向节（十字轴式）、准等速万向节（双联式和三销轴式）和等速万向节（球叉式和球笼式）。目前，在汽车上应用较多的是十字轴式刚性万向节。

110. A　主减速器是在传动系统中起降低转速、增大转矩作用的主要部件，当发动机纵置时还具有改变转矩旋转方向的作用。它是依靠齿数少的齿轮带动齿数多的齿轮来实现减速的，采用锥齿轮传动则可以改变转矩旋转方向。

汽车单级主减速器中的小齿轮称为主动轮。

111. A

112. D

113. C　制动系统的功用是使行驶中的汽车按照驾驶人的要求进行强制减速甚至停车，使已停驶的汽车在各种道路条件下（包括在坡道上）稳定驻车，使下坡行驶的汽车速度保持稳定。

114. A　图 3-24 所示为鼓式制动器的基本组成及工作原理。

行车制动系统由车轮制动器和液压传动机构两部分组成。

车轮制动器的旋转部分是制动鼓，它固定于轮毂上，与车轮一起旋转。固定部分是制动蹄和制动底板等。制动蹄上铆有摩擦片，其下端套在支承销上，上端用复位弹簧拉紧压靠在轮缸内的活塞上。支承销和轮缸都固定在制动底板上，制动底板用螺钉与转向节凸缘（前桥）或桥壳凸缘（后桥）固定在一起。制动蹄靠液压轮缸使其张开。

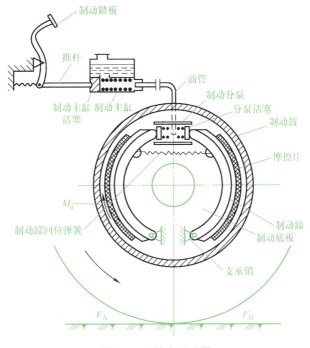

图 3-24　鼓式制动器

工作过程如下：

1）不制动时，制动鼓的内圆柱面与摩擦片之间保留一定间隙，制动鼓可以随车轮一起旋转。

2）制动时，驾驶人踩下制动踏板，主缸推杆便推动制动主缸内的活塞前移，迫使制动液经管路进入轮缸，推动轮缸的活塞向外移动，使制动蹄克服复位弹簧的拉力绕支承销转动而张开，消除制动蹄与制动鼓之间的间隙后压紧在制动鼓上。此时，不旋转的制动蹄摩擦片对旋转的制动鼓就产生一个摩擦力矩，其方向与车轮的旋转方向相反。制动鼓将此力矩传到车轮后，由于车轮与路面的附着作用，车轮即对路面作用一个向前的圆周力，与此相反，路面会给车轮一个向后的反作用力，这个力就是车轮受到的制动力。各车轮制动力的总和就是汽车受到的总制动力。

3）放松制动踏板，在复位弹簧的作用下，制动蹄与制动鼓的间隙又得以恢复，从而解除制动。

115. C　行车制动装置失效后，驻车制动器可用于应急制动。

116. D　制动主缸又称为制动总泵，它处于制动踏板与管路之间，其功用是将制动踏板输入的机械推力转换成液压力。

117. D　解析同 33。

118. B　载货汽车因传动轴过长，自振频率降低，易产生共振，故将其分成两段并加中间支承。

119. B 解析同 35。

120. C 越野汽车的前桥既是转向桥，又是驱动桥。

121. A 主销后倾的作用是当汽车直线行驶时，保持其方向稳定性，当汽车转向时能使前轮自动回正。

122. A 转向轮安装后，其上端略向外倾斜，称为转向轮外倾。转向轮的旋转平面与纵向垂直平面之间的夹角又叫转向轮外倾角。

转向轮外倾的作用是使转向轻便和提高前轮工作的安全性。转向轮外倾角一般为 1° 左右，由转向节的结构设计来保证。当转向节安装到前轴上后，其转向节轴相对于水平面向下倾斜，从而使前轮安装后出现外倾。

123. A 解析同 39。

124. B

125. B

126. A

127. A

128. A

129. C 充气轮胎尺寸目前一般用英制为单位，但欧洲国家则常用公制。高压胎一般用 $D \times B$ 来表示，其中 D 表示轮胎直径的英寸数，B 表示轮胎断面宽度的英寸数。例如，34×7 即表示轮胎直径 D 为 34in，断面宽度 B 为 7in。

汽车上常用的是低压胎，其尺寸标记用 $B—d$ 表示，例如，9.00—20 即表示断面宽度 B 为 9in，而轮辋直径 d 为 20in。

（二）判断题

1. √

2. × 汽车转向系统的形式多种多样，按转向能量的来源不同，分为机械式转向系统和动力式转向系统两大类。

3. ×

4. ×

5. √

6. √ 车架是整个汽车的基础，汽车上的所有零部件几乎都安装在车架上。

7. ×

8. √

9. × 由于受到结构的限制，单片离合器的转矩受到了一定的限制。目前，常见的单片离合器转矩可达到 2300N·m。而许多大型车辆，用双片离合器比较合适。双片离合器中多了一个从动盘，在单片离合器无法满足转矩要求的情况下，双片离合器应时而生。

10. √　变速器操纵机构由变速杆、拨叉、拨叉轴和锁止机构组成。驾驶人通过移动变速杆操纵拨叉轴移动，拨叉固定在拨叉轴上，在随拨叉轴移动的同时，拨叉推移齿轮或接合套，实现档位变换。

11. ×　载货汽车车身比较长，传动轴一般为两根，中间用中间支承连接。

12. √

13. √　轮胎换位可使胎面磨损均匀，能充分合理地使用轮胎并延长轮胎的使用寿命。轮胎换位应根据轮胎的不同特点采用不同的换位方法。轮胎换位不论采用哪一种方法，只能一用到底，不可改变。

14. √

15. √

16. √　汽车直线行驶时，两侧驱动车轮所受到的地面阻力相同，行星齿轮不自转，只随差速器壳和行星齿轮轴一起公转，两半轴无转速差。

17. √

18. √　汽车的前轮前束是通过转动横拉杆实现的。

19. √　离合器的功用是保证汽车平稳起步、便于换档和防止传动系统过载。

20. ×　根据悬架结构的不同，车桥分为非断开式和断开式两种。当采用非独立悬架时，车桥中部是刚性的实心和空心（管状）梁，这种车桥即为非断开式；断开式车桥中部为活动关节式结构，与独立悬架配用。

21. ×　转向器是转向系统中降低转速、增大转矩的装置，其功用是增大转向盘传到转向节的力并改变力的传递方向。

22. √

23. ×　十字轴式刚性万向节是实现变角度动力传递的机件，用于需要改变传动轴线方向的位置。十字轴式刚性万向节为汽车上广泛使用的不等速万向节，允许相邻两轴的最大交角为15°~20°。

24. ×　主销内倾角一般不大于8°，由前轴制造加工时使主销孔向内倾斜而获得。

25. √　制动器除了鼓式制动器外，盘式制动器应用也较广泛，特别是钳盘式制动器，越来越多地被各级轿车和轻型货车使用。

26. √

模块四　汽车电器检修

一、考核范围

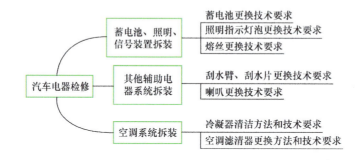

二、考核要点详解

知识点1：蓄电池检查

1）蓄电池外观检查。
2）检查观察口。
3）蓄电池检测。

知识点2：蓄电池更换步骤及技术要求

（1）准备拆卸工具和新电池　拆卸工具只需钳子和旋具。新电池的规格必须符合车型规格，蓄电池分为免维护蓄电池和干荷蓄电池两大类。

（2）先拆负极后拆正极　蓄电池负极与车身相通，如果先拆正极，金属工具在操作时就有可能因为接触到车身而造成短路。如果电池上连接其他的车载电器连线，也要拆除。

（3）压紧夹持器螺栓　拆卸蓄电池要压紧夹持器螺栓，然后拆卸夹持器及蓄电池。如果蓄电池有隔热材料，也要一同拆卸。如果螺钉已经锈蚀无法拆卸，可以滴一点除锈剂。

（4）取出蓄电池时倾斜不能超过40°　取出蓄电池时倾斜不能超过40°，防止一些干荷蓄电池电解液渗漏，且要戴手套操作，并防止电解液溅到身上。

（5）清理电极插头　蓄电池的电极插头长期暴露在空气中，会产生氧化物、硫酸盐等，可用细砂纸打磨干净，然后用凡士林涂抹，以防再次锈蚀。

（6）安装新电池　将规格合适的蓄电池安装在蓄电池架上，先安装负极后安装正极。注意紧固螺钉，否则行车时产生的振动会造成蓄电池电极损坏，缩短蓄电池的使用寿命。

（7）注意蓄电池的绝缘　安装其他电器连线时要注意蓄电池的绝缘，如果正极端子裸露在空气中，容易引发蓄电池短路。所以安装工作的最后一步是把正极端子上的橡胶套盖上，和其他的金属绝缘隔离。这样，蓄电池更换就完成了。

知识点 3：前照灯一般规定与要求

前照灯是汽车的主要照明装置。前照灯的配光性能应使其远光、近光均具有足够的发光强度，且近光不炫目。近光是夜间会车或尾随其他车辆时使用的近距离照明光束，近光灯应能照明车前 40m 远的道路；远光是不会车或不尾随其他车辆时使用的远距离照明光束，远光灯应能照明车前 100m 远的道路。为了夜间行车安全，前照灯主要从发光强度和光束照射位置两个方面做出如下规定：

1）机动车在检验前照灯的近光光束照射位置时，前照灯在距离屏幕 10m 处，光束明暗截止线转角或中点的高度应为 $0.6H\sim0.8H$（H 为前照灯基准中心高度），其水平方向位置向左、向右偏差均不得超过 100mm。

2）四灯制前照灯其远光单光束灯的调整，要求在屏幕上光束中心离地高度为 $0.85H\sim0.9H$。水平位置要求左灯向左偏不得大于 100mm，向右偏不得大于 170mm；右灯向左或向右偏均不得大于 170mm。

3）机动车装用远光和近光双光束灯时以调整近光光束为主。对于只能调整远光单光束的灯，调整远光单光束。

4）机动车每只前照灯的远光光束发光强度应达到表 3-3 的要求。测试时，其电源系统应处于充电状态。

表 3-3　前照灯远光光束发光强度要求（单位：cd）

车辆类型	新注册车		在用车	
	两灯制	四灯制	两灯制	四灯制
汽车、无轨电车	15000	12000	12000	10000

允许四灯制的机动车其中两只对称的灯达到两灯制要求视为合格。

知识点 4：更换前照灯灯泡的方法

（1）拔出灯泡的电源插口　在凉车之后，打开发动机舱盖，这时可以看见前照灯总成。先要把灯泡的电源插口拔掉，拔出灯泡电源插口的时候，力度要适中，避免将插口接线弄松或损坏灯泡插头。

（2）将灯泡后的防尘盖拿掉　防尘罩大多采用橡胶制作，顺着螺口方向直接拧下来即可（有些车型可以直接抠下来），并不需要太大的力气，之后能看到前照灯总成里的灯泡底座，捏住底座旁边的钢丝卡簧，待卡子松开之后就可以拿出灯泡了。

（3）将灯泡从反射罩中取出　灯泡一般由钢丝卡簧固定，某些车型的灯泡还带有塑料底座。

（4）将新灯泡放入反射罩　放灯泡时要对准灯泡的固定卡位，捏住两边的钢丝卡簧往里推，将新灯泡固定在反射罩内。

（5）还原拆下来时的步骤　重新盖上防尘罩，将灯泡电源插上，更换操作就结束了。

知识点 5：熔丝烧断的原因

1）选择了较大功率的灯泡，或者选择了功率较大的灯光改装件。

2）点烟器接口加装了多路转接器，同时使用较多的汽车辅助设备，导致同一线路电流过大。

3）汽车加装电器过多，改造接线包裹不严实，造成接口氧化。

4）用自来水直接冲洗发动机舱，而且没有及时做吹干处理，导致线路短路，接头过分潮湿，时间长了会造成接头的氧化，存在自燃的风险。

5）电线胶皮老化、裸露金属线造成短路。在进行车内清洗时，注意尽可能避免触碰到埋藏在地板内的电线。

知识点 6：更换熔丝的一般方法

1）结合汽车的故障表现，区分是"发动机舱熔丝盒"还是"驾驶室熔丝盒"故障。

2）找到汽车熔丝盒内合适的备用熔丝进行更换。

3）没有合适的熔丝替换时，将电流值稍大的熔丝临时替代损坏的熔丝，如 10A 替代 7.5A、15A 替代 10A，但停车后必须尽快恢复原来的熔丝规格。

注意：一般来说，同一款汽车将使用相同尺寸的熔丝，这样就可以用同一个熔丝夹子，备用熔丝一般都放在发动机舱熔丝盒内。

知识点 7：刮水器的功能及组成

刮水器是指安装在风窗玻璃前的片式结构，主要作用是扫除风窗玻璃上妨碍视线的雨雪和尘土。

汽车上广泛采用的电动式刮水器主要由微型直流电动机、蜗杆蜗轮减速器、刮水臂、摇臂和刮水片等部件组成，其作用是清扫驾驶室风窗玻璃上的雨水、积雪和灰尘等。

知识点 8：喇叭的维护

1）经常保持喇叭外表清洁，各接线要牢靠。

2）经常检查、紧固喇叭和支架的固定螺钉，保证其搭铁可靠。

3）喇叭的固定方法对其发音影响较大。为了使喇叭的声音正常，喇叭不能做刚性安装，要固定在缓冲支架上，即在喇叭与固定支架之间要装有片状弹簧或橡胶垫。

4）经常检查发电机输出电压。电压过高时会烧坏喇叭触点，电压过低时（低于喇叭的额定电压）喇叭将发出异常声音。

5）洗车时，不能用水直接冲洗喇叭筒，以免水进入喇叭筒而使喇叭不响。

6）在检修喇叭时，应注意各金属垫和绝缘垫的位置，不可装错。

7）喇叭连续发音不得超过10s，以免损坏喇叭。

8）不可将各类异物放入喇叭，以免造成异常音。

知识点9：冷凝器常见故障

汽车空调冷凝器是通过散热金属薄片将外界空气和管道内物质进行热交换的装置，一般安装在车头，和散热器放在一起，这样便于利用行驶中的气流加强热量的散发。

冷凝器的管片材料最早是全铜的，现在大部分是全铝的，少量有采用铜管铝片的。

冷凝器的常见故障有：冷凝器散热片脏污、堵塞、变形或破损；冷凝器管路连接处有破损、泄漏等。

三、练习题

（一）选择题

1. 蓄电池正极板的组成材料为（　　　）。
A. 二氧化铅　　　B. 海绵状铅　　　C. 铜　　　D. 铁

2. 汽车发动机起动时，（　　　）向起动机提供强大的起动电流。
A. 蓄电池　　　　　　　　B. 发电机
C. A和B　　　　　　　　D. 以上答案都不对

3. （　　　）是稳定汽车发电机输出电压的装置。
A. 电压调节器　B. 整流器　　C. 电容器　　D. 起动机

4. 汽车（　　　）由低压电路和高压电路组成。
A. 起动系统　　B. 充电系统　C. 点火系统　D. 灯系统

5. 汽车空调压缩机由（　　　）驱动。
A. 发动机　　　B. 发电机　　C. 电动机　　D. 起动机

6. 空气流量传感器是测量电控发动机（　　　）的装置。
A. 进气量　　　B. 排气量　　C. 冷却液温度　D. 进气温度

7. 电控发动机进气压力传感器测量（　　　）压力。
A. 进气管　　　B. 排气管　　C. 冷却液　　D. 机油

8. 汽油发动机油路故障的诊断一般采用（　　）。

A. 先外后内　　B. 先上后下　　C. 先中间后外部　　D. 先小后大

9. 检查中央高压线是否有火时，若中央高压线有火而分缸线无火，则是（　　）故障。

A. 高压线　　B. 点火线圈　　C. 断电器　　D. 分电器

10. 诊断、排除起动系统电路短路或断路故障时，首先要（　　）。

A. 检查蓄电池极桩是否接触牢固

B. 检查起动机导线是否有断路、短路现象

C. 检查起动机电磁开关工作是否正常

D. 检查继电器触点是否烧蚀

11. 诊断、排除喇叭不响的故障时，首先要（　　）。

A. 用喇叭的接点直接和蓄电池连接试验

B. 检查喇叭

C. 用喇叭继电器 3 号端子搭铁

D. 检查喇叭用熔丝

12. 对灯不亮的故障进行检查时，首先（　　）。

A. 进行闪光器 TR 和各灯间配线的导通检查

B. 检查各灯

C. 进行闪光器 L 和开关 TB 间配线的导通检查

D. 检查各开关

13. 环境温度为 25℃时，蓄电池的电解液密度一般为（　　）g/cm³。

A. 1.05~1.12　　B. 1.12~1.18　　C. 1.18~1.24　　D. 1.25~1.28

14. 普通汽车交流发电机一般由三相（　　）交流发电机和硅二极管整流器组成。

A. 同步　　　　　　　　B. 异步

C. 同步或异步　　　　　D. 以上答案都不对

15. （　　）的功用是将蓄电池的电能转变为机械能，产生转矩，起动发动机。

A. 起动系统　　B. 充电系统　　C. 点火系统　　D. 灯系统

16. 桑塔纳轿车点火系统采用（　　）分电器。

A. 有触点　　B. 霍尔式　　C. 光电式　　D. 电磁式

17. 在汽车空调装置中，蒸发箱位于（　　）。

A. 发动机前　　B. 发动机后　　C. 驾驶室内　　D. 行李舱内

18. 桑塔纳 2000 时代超人装备（　　）式空气流量计。

A. 翼板　　B. 热线　　C. 热膜　　D. 量芯

19. 汽车车速传感器一般安装在（　　）上。

A. 车轮　　　　B. 轮毂　　　　C. 发动机　　　　D. 变速器

20. 检查点火系统时，检查分缸线是否有火的过程中，拆下火花塞，将分缸线插接上火花塞抵在（　　），看是否有火花产生。

A. 铁块上　　　B. 缸盖上　　　C. 缸体上　　　　D. 缸垫边缘

21. 若传感器有问题，要先检测传感器到ECU的线路是否导通，再怀疑（　　）。

A. ECU接口　　B. 传感器　　　C. 执行器　　　　D. ECU线路

22. 调整火花塞电极间隙时，（　　）弯动旁电极，（　　）弯动中央电极。

A. 只能，不能　　　　　　　　B. 不能，只能

C. 先，后　　　　　　　　　　D. 可以，也可以

23. 更换刮水器时，首先要（　　）。

A. 拆下刮臂与刮片　　　　　　B. 拆下通风盖板和发动机后密封条

C. 取下刮臂护盖　　　　　　　D. 拆下刮水电动机总成

24. 维修或更换充电电路的插头和导线时，查看充电电路的导线是否破损，如果破损则用（　　）包裹好，如果大部分损坏，则拆下更换新的。

A. 橡胶　　　　B. 塑料　　　　C. 胶布　　　　　D. 绝缘纸

25. 诊断、排除蓄电池自放电故障时，将线端与接线柱划碰试火，若有火花则说明（　　）。

A. 故障与导线无关　　　　　　B. 应逐段检查有关导线

C. 故障在蓄电池内部　　　　　D. 蓄电池正常

26. 诊断、排除机油压力报警故障时，不需检查（　　）。

A. 真空传感器　B. 机油量　　　C. 油压传感器　　D. 熔丝

27. 闪光器自身不良，或者闪光器的搭铁不良时，灯会（　　）。

A. 不亮　　　　B. 闪烁　　　　C. 损坏　　　　　D. 亮

28. 打开点火开关，若电流表指"0"不动，其他仪表指针也不摆动，则为蓄电池至（　　）间断路或蓄电池搭铁松脱。

A. 点火开关　　B. 点火线圈　　C. 高压线路　　　D. 低压线路

29. 清洗电器元件时，不能使用（　　）。

A. 汽油　　　　B. 煤油　　　　C. 柴油　　　　　D. 清洗剂

30. 蓄电池隔板夹在相邻的（　　）之间，防止两者短路。

A. 正、负极板　　　　　　　　B. 正、负接线柱

C. 极板　　　　　　　　　　　D. 连接条

31. 汽车三相交流发电机（　　）是用来产生磁场的。

A. 转子总成　　B. 定子总成　　C. 整流器　　　　D. 电压调节器

32. 发动机起动后，起动机驱动齿轮与飞轮齿环（　　）。

A. 接合　　　　B. 脱离　　　　C. 半接合　　　　D. 半脱离

33. 桑塔纳轿车火花塞的间隙为（　　）。
A. 0.7~0.9mm　　B. 0.7~0.9cm　　C. 0.9~1.1mm　　D. 0.9~1.1cm

34. 在汽车空调装置中，储液干燥器的作用是（　　）。
A. 储液　　　　　　　　　　B. 干燥
C. 过滤　　　　　　　　　　D. 储液、干燥、过滤

35. 电控发动机进气压力传感器装备在（　　）型EFI中。
A. D　　　　B. L　　　　C. K　　　　D. KE

36. 中央处理器的英文缩写是（　　）。
A. ECU　　　B. CPU　　　C. RAM　　　D. ROM

37. 清洁发电机时，首先要（　　）。
A. 拆下电刷盒固定螺栓
B. 拆下三个机壳螺栓
C. 拆下带轮固定螺母
D. 拆下后端盖上的硅整流组合件的保护罩

38. 更换仪表时，首先要（　　）。
A. 拆下仪表板下加强板　　　　B. 拆下转向管柱
C. 拆卸仪表装饰罩总成　　　　D. 拆开蓄电池的负极导线

39. 点火线圈次级绕组电阻的测量方法是用欧姆表测量点火线圈正极与高压端之间的电阻，其标准值为（　　），若达不到标准值，应更换点火线圈。
A. 8~13kΩ　　B. 9~14kΩ　　C. 6~11kΩ　　D. 7~12kΩ

40. 诊断、排除蓄电池自放电故障时，将线端与接线柱划碰试火，若无火花，则说明（　　）。
A. 故障与导线无关　　　　B. 应逐段检查有关导线
C. 故障在蓄电池内部　　　D. 蓄电池正常

41. 诊断、排除转向灯不亮故障时，首先（　　）。
A. 检查闪光器B端子电压
B. 危险报警闪光灯ON位置，检查灯闪频率
C. 进行闪光器B和开关F之间配线导通检查
D. 开关输入端子（B1、B2）的电压检查

42. 蓄电池电解液液面应高出极板（　　）。
A. 5~10mm　　B. 10~15mm　　C. 15~20mm　　D. 20~25mm

43. 检查转向节轴是否有裂纹时使用的仪器为（　　）。
A. X光机　　B. 示波器　　C. 磁力探伤仪　　D. 发动机分析仪

44. 调整蓄电池电解液面之后应对蓄电池充电0.5h以上，其目的是（　　）。
A. 保证足够的电压　　　　B. 防止放电

C. 保证蓄电池使用时间长　　　　D. 使电解液混合均匀

45. 打开点火开关，电流表指"0"不动或小于正常放电值不摆动，说明（　　）。

A. 点火线圈二次电路断路　　　　B. 点火线圈二次电路短路
C. 点火线圈一次电路断路　　　　D. 点火线圈一次电路短路

（二）判断题

（　　）1. 发电机风扇用于在发电机工作时强制进行抽风冷却。
（　　）2. 电子控制单元的英文缩写是 ECU。
（　　）3. 在配制电解液时，应使用陶瓷或玻璃容器。
（　　）4. 蓄电池搭铁极性必须与发电机搭铁极性相反。
（　　）5. 蓄电池电解液液面应高出极板 10~15mm。
（　　）6. 发电机的传动带应该张紧。
（　　）7. 蓄电池正极板的组成材料为二氧化铅（PbO_2）。
（　　）8. 电控发动机空气流量计是测量发动机进气量的装置。

四、参考答案及解析

（一）选择题

1. A　本题主要考核蓄电池的结构。蓄电池的极板有正极板与负极板两种，正、负极板均由栅架和活性物组成。一般铅蓄电池的栅架由铅锑合金铸成，正极板为二氧化铅（PbO_2），呈深棕色；负极板为海绵状铅（Pb）；呈青灰色。

2. A　本题主要考核蓄电池的功用。汽车蓄电池的功用主要有以下几点：

1）车辆起动时为车辆提供电能。

2）发动机停止运转时为车上用电设备提供电能，使其能在发电机不发电的情况下继续工作。

3）在发电机发电量除满足车上用电设备外还有剩余时，储存发电机发出的多余电能。

4）在发电机发电量不足的情况下，联合发电机一起为车上用电设备提供电能，保证车上用电设备正常使用。

3. A　本题主要考核电压调节器的功用。汽车在运行过程中，发动机转速变化范围很大，由于发电机与发动机的传动比是固定的，所以发电机的转速将随发动机转速的变化而变化，发电机的端电压也将随发动机的转速变化而在很大范围内变化。发电机在对用电设备供电和向蓄电池充电时，都要求其电压稳定，因此必须对发电机的输出电压进行调节，使之保持在某一数值上基本不变。

电压调节器的作用就是在发电机转速变化时，自动改变励磁电流的大小，使发电机输出电压保持不变。

4. C 本题主要考核点火系统的功用及组成。点火系统主要由蓄电池、点火线圈、点火开关、分电器、火花塞、点火器及点火信号发生器等部件组成，如图3-25所示。

蓄电池、点火开关和点火线圈的一次绕组组成低压电路；点火线圈的二次绕组和分电器等组成高压电路。

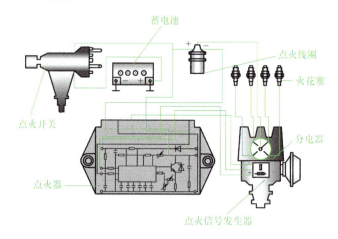

图3-25 电子点火系统的组成

5. A 本题主要考核汽车空调的结构。汽车空调压缩机的动力来自汽车发动机，发动机通过传动带将动力传递给压缩机的电磁离合装置，通过控制电磁离合装置来达到动力的最后传递。

6. A 本题主要考核传感器的作用。空气流量传感器是测量发动机进气量的装置，它将吸入的空气量转换成电信号传给电子控制单元（ECU），作为决定喷油量的基本信号之一。

7. A 进气压力传感器主要检测的是节气门后方的进气歧管的绝对压力，它根据发动机转速和负荷的大小检测出歧管内绝对压力的变化，然后转换成电压信号送至电子控制单元（ECU），ECU依据此信号的大小，控制基本喷油量的大小。

进气压力传感器的种类较多，其中，电容式和半导体压敏电阻式在发动机电控系统中应用较广泛。

8. A

9. D

10. A

11. D

12. C

13. D 本题主要考核蓄电池的组成及功用。蓄电池使用过程中，随着充放电次数的增加，电解液的密度是发生变化的。通常汽车用的蓄电池，充足电后电解液的密度是 1.25~1.28g/cm³，南方低一些，北方高一些。这些密度要折算为 25℃时的密度。

14. A　普通汽车交流发电机一般由三相同步交流发电机和硅二极管整流器组成，现多为内调式交流发电机。内调式交流发电机除三相同步交流发电机和硅二极管整流器外，发电机内部还装有集成电路调节器。

15. A

16. B

17. C

18. C

19. D　车速传感器的作用是测量汽车的行驶速度，用于 ECU 控制发动机怠速、减速的空燃比和自动变速器的换档时刻等。车速传感器一般安装在变速器的输出轴旁边，有的车型装在仪表板的背面。

20. C

21. B　若传感器有问题，应先检查线路是否有问题，再检查传感器。

22. A

23. C　本题主要考核刮水器维护作业内容。更换刮水器时，首先要取下刮臂护盖。

24. C

25. B　诊断、排除蓄电池自放电故障时，将线端与接线柱划碰试火，若有火花则应逐段检查有关导线。

26. A

27. D

28. A　打开点火开关，若电流表指"0"不动，其他仪表也不摆动，则为蓄电池至点火开关间断路或蓄电池搭铁松脱。

29. A　本题主要考核汽车电器的维护。清洗电器元件时，不能使用汽油，因为汽油对电器元件具有腐蚀作用。

30. A　本题主要考核蓄电池的组成及功用。普通型铅蓄电池由正极板、负极板、隔板、电解液、电池盖板、加液孔盖和外壳等组成。

极板是蓄电池的核心部分，它分为正极板和负极板。正极板上的活性物质是深棕色二氧化铅（PbO_2），负极板上的活性物质是青灰色海绵状铅（Pb）。在蓄电池充放电过程中，电能和化学能的相互转换就是依靠极板上活性物质和电解液中硫酸的化学反应来实现的。

隔板放置在正、负极板之间，以避免正、负极板接触而短路。

31. A　发电机转子总成是用来产生磁场的，由转子轴、爪形磁极、励磁绕组、磁轭、集电环等组成。在轴的中间套有一个磁轭，在磁轭外面绕有一个励磁绕组，两块爪形磁极将磁轭和励磁绕组夹于中间。励磁绕组的首尾端穿过爪形磁极分别焊接在两个相互绝缘并与轴也绝缘的集电环上。装好后端盖上的两个电刷后,分别与两个集电环滑动接触,向励磁绕组引入励磁电流。

32. B 传动机构(单向离合器)的功用是在发动机起动时,将起动机驱动齿轮啮入飞轮齿环,将起动机的转矩传递给发动机曲轴;而在发动机起动后,对驱动齿轮与飞轮齿环脱离起保护作用。

33. C

34. D 汽车空调中储液干燥器的功用如下:

1)吸收系统中制冷剂中的水分。

2)随时向循环系统提供所需制冷剂,同时补偿系统的微量渗漏。

3)储液干燥器中的过滤装置随时清除系统中杂质、污物,防止其进入制冷剂中而堵塞膨胀阀。

35. A 电喷发动机中采用进气压力传感器来检测进气量的称为 D 型喷射系统。

36. B 本题主要考核 CPU 的基本知识。中央处理器(Central Processing Unit, CPU)是电子计算机的主要设备之一。其功能主要是解释计算机指令以及处理计算机软件中的数据。所谓的计算机可编程性主要是指对 CPU 的编程。CPU 是计算机中的核心配件,只有火柴盒那么大,几十张纸那么厚,但它却是一台计算机的运算核心和控制核心。计算机中所有操作都由 CPU 负责读取指令,是对指令译码并执行指令的核心部件。CPU、内部存储器和输入/输出设备是电子计算机的三大核心部件。

37. A

38. D

39. D

40. C

41. B

42. B

43. C

44. D

45. C

(二)判断题

1. √

2. √ 本题主要考核电子控制单元的概念。电子控制单元又称 ECU(Electrical Control Unit),一般是汽车内部系统控制模块的代名词。

3. √ 本题主要考核蓄电池的维护注意事项。蓄电池电解液一般是硫酸溶液,具有较强的腐蚀性,所以配制电解液时,应使用陶瓷或玻璃容器。

4. × 发动机起动前,蓄电池向各用电设备供电;发动机起动后,发电机向蓄电池及各用电设备供电。发电机和蓄电池都是汽车电源，因此，蓄电池搭铁极性必须与发电机搭铁极性相同。

5. √

6. ×　发动机工作时，传动带会保持一定的张紧程度。正常情况下在传动带中段加29~49N的压力，能将传动带按下10~20mm的距离，过紧将引起发电机、风扇和水泵上的轴承磨损加剧；太松则会使所驱动的附件达不到需要的转速，导致发电机电压下降，风扇风量和水泵流量降低，从而影响发动机正常运转。

7. √

8. √　空气流量传感器（AFS）又称为空气流量计（AFM），其功用是检测发动机进气量大小，并将进气量信息变换成电信号输入ECU，以供ECU计算并确定喷油时间和点火时间。进气量信号是ECU计算喷油时间和点火时间的主要依据。

第四部分 操作技能考核指导

Chapter 4

实训模块一　汽车维护

技能训练一　清洁、更换空气滤清器

1. 训练准备

1）实训车辆 1 台。
2）常用修理工具 1 套。
3）空气压缩机 1 台。

2. 训练要求

1）掌握空气滤清器的检查、清洁方法。
2）掌握滤芯的更换方法。

3. 训练时间

50min。

4. 基本操作步骤

操作步骤描述：拆卸→检查→清洁→更换→安装。

步骤 1　拆卸滤芯。松开空气滤清器锁扣，用抹布擦拭空气滤清器外部，防止杂质掉入里面，取出滤芯，如图 4-1 所示。

步骤 2　检查外观。检查空气滤清器外壳有无凹陷、破损，若有，应进行修整或更换，如图 4-2 所示。

图 4-1　松开锁扣

图 4-2　检查外观

步骤3 清洁滤芯。通常车辆每行驶8000km应取出滤芯进行清洁。清洁滤芯时用空气压缩机的空气从滤芯内侧开始,上下均匀沿斜角方向吹净滤芯内外表面的灰尘,如图4-3所示。如果没有空气压缩机,可用木棒轻轻敲打滤芯,再用毛刷刷净外部污垢。

注意:不得用大力敲打或碰撞滤芯。严禁用汽油或水洗刷滤芯。

步骤4 更换滤芯。车辆每行驶24000km应更换滤芯,如图4-4所示。

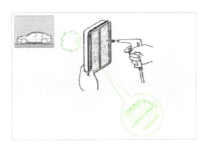

图4-3 清洁滤芯

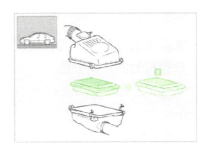

图4-4 更换滤芯

注意:在清洁滤芯时,即使没有达到行驶里程,若发现滤芯过脏、破裂和含油污,也应更换滤芯。

步骤5 安装空气滤清器。按与其拆卸相反的顺序,将各部件安装好。

注意:必须可靠地装好滤芯,不宜用手或器具接触滤芯的纸质部分,尤其不能让油类污染滤芯。

5. 评分标准

序号	作业项目	考核内容及要求	配分	评分标准	考核记录	扣分	得分
1	拆卸	拆卸滤清器	20分	拆卸方法不正确扣10分			
2	检查	检查规范	15分	方法不正确扣10分			
3	清洁	清洁方法正确	25分	方法不正确扣20分			
4	更换	能够判断是否需要更换	15分	判断不正确扣10分			
5	安装	安装程序正确	20分	安装程序不规范扣10分			
6	安全文明生产	遵守安全操作规程,正确使用工量具,操作现场整洁	5分	每项扣1分,扣完为止			
7	分数总计		100分				

否定项说明:出现重大安全事故按0分计

评分人:　　　年　月　日　　　核分人:　　　年　月　日

技能训练二　机油及其滤清器的检查与更换

1. 训练准备

1）实训车辆1台。

2）常用修理工具1套。

3）机油接收器1台。

4）举升器1台。

5）棉抹布若干。

2. 训练要求

1）掌握机油油量、油质、油压的检查方法。

2）掌握机油的更换方法。

3. 训练时间

60min。

4. 基本操作步骤

> **操作步骤描述**：油量的检查→油质的检查→机油压力的检查→机油的更换。

步骤1　机油油量的检查。

1）在发动机起动前或停机10~15min后，将车辆停放在平坦的地面上。

2）拔出油标尺，用洁净软布擦去油标尺上面黏附的机油，将油标尺再次插入油底壳，如图4-5所示。

3）拔出油标尺，观察油标尺的机油黏附高度，如图4-6所示。

图4-5　插入油标尺

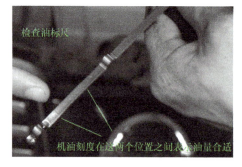

图4-6　检查油标尺

4）油标尺上有两条刻线，上刻线"F"表示机油的最多量，下刻线"L"表示机油的最少量。

注意：若机油油迹处于上下刻线中间，说明油量合适；若机油油迹低于下刻线，则表示油量不足，应添加相同规格的机油；若机油油迹高于上刻线，则表示油量过多，应适当放出。

步骤2　机油油质的检查。

1）起动发动机，待达到正常工作温度后停机。

2）拔出油标尺，将油标尺上黏附的机油滴在色纸上（最好是滤纸），放置一定的时间后观察油滴的扩散情况及油斑中心的颜色。

① 若油滴的核心部分呈深灰色、褐色且透明，则属正常，机油可继续使用，如图 4-7a 所示。

② 若油滴呈乳液状且油滴的扩散范围较大，外围颜色较浅，说明机油中掺入了燃油或冷却液，则机油已不能继续使用，应更换，如图 4-7b 所示。

③ 若油斑上积聚较多金属微粒或黑色沉淀物，说明机油已老化变质，应更换，如图 4-7c 所示。

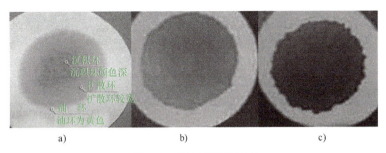

图 4-7 机油油质的检查

步骤 3 机油压力的检查。起动发动机，使其运转至正常工作温度，在不同的运转工况下检查机油压力是否正常。

1）若车辆仪表盘上装有机油压力表，可通过机油压力表检查发动机不同工况下的机油压力。

2）若车辆仪表盘装有油压过低指示灯，怠速工况时指示灯应熄灭。

3）用专用的机油压力表检查时，可用专用工具拆下油压传感器，如图 4-8 所示。

4）装上机油压力表，使发动机处于不同的运转工况，观察机油压力表的读数，如图 4-9 所示。

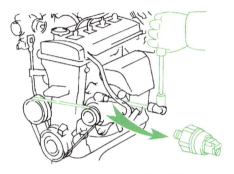

图 4-8 拆下油压传感器

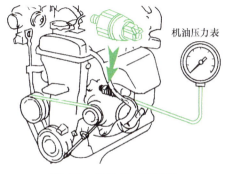

图 4-9 机油压力的测量

步骤4 机油的更换。

1）将车辆停放在平坦的地面上，起动发动机并使其处于热状态，然后熄火，将车辆升起。

2）拧下油底壳上的放油螺塞，趁热放出机油。

注意：机油接收器的高度与车辆底盘的高度要合适，不可过低或过高；机油接收器与油底壳的位置要相对应，不要出现机油溅到外部甚至流到地面的现象，如图4-10所示。

图4-10 放出机油

3）加注规定容量（650~700mL）的稀薄机油，起动发动机怠速运转3~5min，熄火后放出油底壳和机油滤清器内的机油，如图4-11所示。

4）用机油滤清器专用扳手拆卸机油滤清器，放净机油，如图4-12所示。

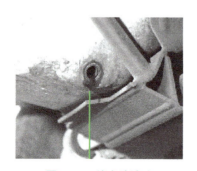
图4-11 放出清洗油

图4-12 拆卸机油滤清器

5）擦干净机油滤清器座。

6）在将新的机油滤清器装上之前，要先在机油滤清器上倒上一点机油，并且在机油滤清器的表面涂匀，使机油滤清器首先润滑，如图4-13所示。

7）安装新的机油滤清器，如图4-14所示。

8）拧紧油底壳的放油螺塞，如图4-15所示。

9）换好机油滤清器，拧上放油螺塞，按规定容量加注新机油，如图4-16所示。

10）检查油底壳内的机油液面高度，应符合规定，如图4-17所示。

图 4-13　润滑机油滤清器接触面

图 4-14　安装新的机油滤清器

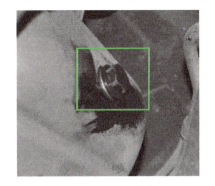

图 4-15　拧紧放油螺塞

图 4-16　加注新机油

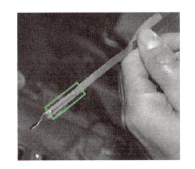

图 4-17　检查机油液面高度

注意： 发动机机油使用一定时间后，会逐渐失去润滑性能，必须及时更换。车辆运行条件不同，换油的周期也不相同。例如，车辆行驶在灰尘多的道路上以及在寒冷季节、潮湿地区等，应适当缩短换油周期。

除超出运行周期外，在运行中出现以下情况时也必须更换机油：

1）车辆走合期结束。

2）发现机油中有水或燃油，机油变质或机油黏度过小。

3）发动机出现轴承烧蚀或某机件严重磨损，机油中有大量金属屑。

5. 评分标准

序号	作业项目	考核内容及要求	配分	评分标准	考核记录	扣分	得分
1	检查	机油油量的检查	10分	方法不正确扣10分			
		机油油质的检查	10分	方法不正确扣10分			
		机油压力的检查	20分	方法不正确扣20分			
2	更换	放出机油	10分	方法不正确扣10分			
		更换机油滤清器	30分	方法不正确扣20分			
		加注新机油	15分	方法不正确扣10分			
3	安全文明生产	遵守安全操作规程，正确使用工量具，操作现场整洁	5分	每项扣1分，扣完为止			
4	分数总计		100分				

否定项说明：出现重大安全事故按0分计

评分人：　　　　年　月　日　　核分人：　　　　年　月　日

技能训练三　发动机冷却液的补充及更换

1. 训练准备

1）实训车辆1台。

2）常用修理工具1套。

3）水桶1个。

2. 训练要求

1）掌握冷却液的检查方法。

2）掌握冷却液的更换方法。

3. 训练时间

50min。

4. 基本操作步骤

> 操作步骤描述：冷却液的检查→冷却液的更换。

步骤1　冷却液的检查。

1）冷却液液面的检查应在冷机状态下进行。

2）液面应位于"max"和"min"两线之间，如图4-18所示。若液面低于"min"或"低（low）"线，应添加冷却液至"max"或"满（full）"线。

图 4-18　冷却液液位的检查

步骤 2　冷却液的更换。

1）将车辆停放在水平地面上，准备好盛水的容器。

2）拧下散热器或膨胀水箱盖。

注意：若发动机处于热状态，则不要急于将盖拧下，以防热的冷却液喷出烫伤手脸。如果急于打开，须在15min后用较厚的布垫在散热器盖上或包住散热器盖，慢慢拧松散热器盖，待散热器泄压后再拧开散热器盖。

3）将散热器和气缸体上的放液开关拧开。无放液开关时可拆下散热器与水泵间的连接软管，如图 4-19 所示。装有暖风装置的车辆，应将暖风上的温度选择开关调到全开位置。将冷却液盛于容器内，直至放净。

4）关好放液开关。

5）选择合适的冷却液，从散热器或膨胀水箱口加注冷却液，加满后装好散热器盖，如图 4-20 所示。

　　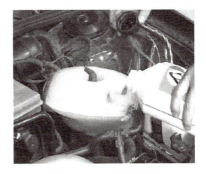

图 4-19　拔下管接头　　　　　　　　　　图 4-20　加注冷却液

6）起动发动机试运转，用手摸散热器上部，若感到热则表示发动机缸体内的冷却液已流入散热器。停转发动机，打开散热器盖，若液面下降应再添加冷却液，直到散热器或膨胀水箱的液面达到最高标记处。

5. 评分标准

序号	作业项目	考核内容	配分	评分标准	考核记录	扣分	得分
1	检查	检查规范	40分	方法不正确扣20分			
2	更换	更换方法正确	55分	每一操作步骤不规范扣5分，最高扣分不超过30分			
3	安全文明生产	遵守安全操作规程，正确使用工量具，操作现场整洁	5分	每项扣1分，扣完为止			
4	分数总计		100分				

否定项说明：出现重大安全事故按0分计

评分人：　　　　年　月　日　　　核分人：　　　　年　月　日

技能训练四　检查轮胎气压

1. 训练准备

1）实训车辆1台。
2）轮胎气压计1个。
3）常用修理工具1套。

2. 训练要求

1）正确测量轮胎气压。
2）判断轮胎气压是否符合要求。

3. 训练时间

30min。

4. 基本操作步骤

操作步骤描述：安装气压计→测量→判断→拆卸气压计。

步骤1　车辆需停放于平地上，务必在冷车时测量轮胎压力。

步骤2　取下轮胎的气门嘴防尘帽，将气压计的测压嘴对准轮胎上的气门嘴垂直用力压入，如图4-21所示。

注意：压入要迅速，这样才不会导致轮胎内的空气泄漏。

步骤3　根据车门侧的胎压要求，并结合经验，确定胎压是否符合要求。

步骤4　如果胎压过高，该气压计可

图4-21　检查轮胎气压

用于放气；如果胎压过低，应立即补气至安全胎压，并重新测量查核准确胎压。

步骤5 检查完轮胎气压后，查看是否漏气，将气门嘴的防尘帽拧上。

5. 评分标准

序号	作业项目	考核内容及要求	配分	评分标准	考核记录	扣分	得分
1	安装	安装轮胎气压计	20分	方法不正确扣20分			
2	测量	测量方法正确	30分	方法不正确扣30分			
3	判断	能够判断胎压是否符合要求	25分	不能正确判断扣25分			
4	拆卸	拆卸轮胎气压计	20分	方法不正确扣20分			
5	安全文明生产	遵守安全操作规程，正确使用工量具，操作现场整洁	5分	每项扣1分，扣完为止			
6	分数总计		100分				

否定项说明：出现重大安全事故按0分计

评分人：　　　年　月　日　　　核分人：　　　年　月　日

技能训练五　轮胎纹深的检查

1. 训练准备

1）实训车辆1台。

2）胎纹深度尺1个。

2. 训练要求

正确检查轮胎纹深。

3. 训练时间

30min。

4. 基本操作步骤

操作步骤描述：安放深度尺→测量。

步骤1 将胎纹深度尺的尖端伸入轮胎胎面同一横截面的几个主花纹沟中，测量它的深度，得出一组数值，如图4-22所示。

步骤2 从各种数值中得出平均数。

注意：一般来说，当轮胎磨耗到胎面花纹沟深仅剩1.6mm时，就必须更换。这时纵贯胎面的"磨耗标记"胶条便会明显显露出来，表示应该马上更换轮胎。

图 4-22　用胎纹深度尺检查轮胎

5. 评分标准

序号	作业项目	考核内容及要求	配分	评分标准	考核记录	扣分	得分
1	安放	安放深度尺	20分	方法不正确扣20分			
2	测量	测量方法正确	30分	方法不正确扣30分			
3	读数	读数正确	25分	读数不准扣25分			
4	判断	判断轮胎是否达到更换程度	20分	不能判断扣20分			
5	安全文明生产	遵守安全操作规程，正确使用工量具，操作现场整洁	5分	每项扣1分，扣完为止			
6	分数总计		100分				

否定项说明：出现重大安全事故按 0 分计

评分人：　　　年　月　日　　　核分人：　　　年　月　日

技能训练六　变速器润滑油的检查与更换

1. 训练准备

1）实训车辆1台。

2）常用修理工具1套。

3）油盆1个。

2. 训练要求

1）掌握变速器润滑油的检查方法。

2）掌握变速器润滑油的更换方法。

3. 训练时间

60min。

4. 基本操作步骤

操作步骤描述：清洁→检查→更换。

步骤1 清洁。

1）清洁变速器外部，检查变速器壳及各端盖、油封有无裂纹及漏油现象。

2）注意对通气孔的清洁，要畅通无阻。

步骤2 变速器润滑油数量的检查。

1）将车辆停放在平坦的地面上，润滑油要保持常温。

2）清除加油螺塞周围的油污，拆下加油螺塞。

3）用手或用一根细杆插入加油孔，检查润滑油液面。润滑油液面应与加油孔下边缘平齐或略低于加油孔下边缘（不超过10mm）。

4）润滑油不足时应添加，可用齿轮油加注器或长颈漏斗添加。

步骤3 变速器润滑油质量的检查。用手指碾压润滑油，如果润滑油稠度降低，说明润滑油失效；如果润滑油中有杂质或变黑，说明润滑油变质，应更换。

步骤4 变速器润滑油的更换。

1）使车辆行驶一段时间，待油温升高后，将车辆停放在平坦的地面上，在变速器放油螺塞下面放一个油盆。

2）旋下放油螺塞，趁热放出润滑油。放净后，再旋上放油螺塞。

3）旋下加油螺塞，加上2/3润滑油量的清洗油（含5%机油的汽油或煤油）。

4）支起驱动桥，发动机以怠速或稍高于怠速运转，分别挂入各档位，清洗变速器1~2min。

5）清洗完毕，放净清洗油。

6）旋紧放油螺塞，按规定加足润滑油。

7）旋紧加油螺塞。

注意：一般情况下，车辆每行驶24000km需更换一次润滑油。

5. 评分标准

序号	作业项目	考核内容及要求	配分	评分标准	考核记录	扣分	得分
1	清洁	清洁变速器外部	10分	没有清洁扣10分			
2	检查	润滑油油量的检查	10分	方法不正确扣10分			
		润滑油油质的检查	20分	方法不正确扣20分			
3	更换	放出润滑油	10分	方法不正确扣10分			
		清洗	30分	方法不正确扣20分			
		加注新润滑油	15分	方法不正确扣10分			
4	安全文明生产	遵守安全操作规程，正确使用工量具，操作现场整洁	5分	每项扣1分，扣完为止			
5	分数总计		100分				
否定项说明：出现重大安全事故按0分计							

评分人： 年 月 日 核分人： 年 月 日

技能训练七　制动液的更换

1. 训练准备
1）实训车辆 1 台。
2）常用修理工具 1 套。
3）桶 1 个。

2. 训练要求
1）掌握制动液的检查方法。
2）掌握制动液的更换方法。

3. 训练时间
60min。

4. 基本操作步骤

操作步骤描述：检查→更换。

步骤 1　制动液的检查与添加。制动液储液罐位于发动机舱内制动主缸的上方，在其上面有制动液液面最高（MAX）和最低（MIN）标记。在正常情况下，制动液液面应处于"MAX"和"MIN"之间。

步骤 2　制动液的更换与排气。
1）将车轮拆下，在放气阀处接一根透明的塑料管（见图 4-23）。
2）拧松放气阀，放出旧制动液（见图 4-24）。

图 4-23　接管

图 4-24　放旧制动液

3）连续踩下制动踏板，直到制动液不再流出为止（见图 4-25）。
4）拧紧放气阀，向储液罐内加入符合要求的制动液。同时，排出液压管路内的空气。排气由两人配合进行，一人在驾驶室内连续踩制动踏板，车下另一人拧松气阀，使管路中的空气排出（见图 4-26）。
5）当空气和制动液一同排出时立即拧紧放气阀，如此反复多次，直到塑料管内没有气泡排出为止，然后拧紧放气阀并装好防尘套（见图 4-27）。

图 4-25　踩制动踏板

图 4-26　排气

6）更换制动液时，也可以使用换油机。用相应的连接盖将充液软管连接到车辆制动总泵的储液罐上，拧紧以保证密闭性良好（见图 4-28）。

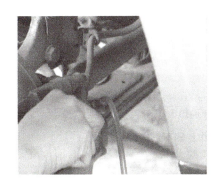

图 4-27　更换完毕

图 4-28　用换油机更换制动液

7）将新的制动液用漏斗倒入换油机内（见图 4-29）。

8）将废油回收罐依次挂在车轮上，拧开车轮制动分泵上的放油螺塞，再将废油回收罐上的软管连接到放油接口上，然后打开换油机的电源，起动换油机。换油机可自动顶出旧的制动液和空气（见图 4-30）。

图 4-29　倒制动液

图 4-30　换制动液

9）随着车轮废油回收罐内的液面逐渐上升，观察流经管路的制动液颜色，待颜色由深灰色或黑色变为半透明黄色后即可结束。而后对其他车轮重复同样操作，总计能够被压出的废制动液应该刚好为 2L 左右（见图 4-31）。

注意：放气的顺序为右后轮、左后轮、右前轮、左前轮。

10）更换结束后，及时将放油螺塞拧紧，并擦干净一旁的油渍，检查一下是否有轻微渗漏（见图 4-32）。

图 4-31　废制动液

图 4-32　拧紧放油螺塞

5. 评分标准

序号	作业项目	考核内容及要求	配分	评分标准	考核记录	扣分	得分
1	检查	检查制动液	10 分	检查不正确扣 5 分			
2	更换	更换制动液	50 分	每一操作步骤不正确扣 5 分，最高扣 40 分			
3	排气	正确排气	35 分	方法不正确扣 20 分			
4	安全文明生产	遵守安全操作规程，正确使用工量具，操作现场整洁	5 分	每项扣 1 分，扣完为止			
5	分数总计		100 分				

否定项说明：出现重大安全事故按 0 分计

评分人：　　　年　月　日　　　核分人：　　　年　月　日

技能训练八　蓄电池的维护

1. 训练准备

1）实训车辆 1 台。

2）玻璃管 1 根。

3）蒸馏水 1 桶。

4）常用修理工具 1 套。

2. 训练要求

1）正确清洁蓄电池。

2）正确检查蓄电池电解液液面高度。

3）正确补充电解液。

3. 训练时间

30min。

4. 基本操作步骤

操作步骤描述：清洁蓄电池外部→检查蓄电池电解液液面高度→补充电解液。

步骤1 清洁蓄电池外部。

1）检查蓄电池及各极柱导线夹头的固定情况，应无松动现象。

2）检查蓄电池壳体，应无开裂和损坏现象，极柱和夹头应无烧损现象，否则，应将蓄电池从车上拆下修复。

3）擦净蓄电池外部灰尘，如果表面有电解液溢出，可用布块擦干。清除极柱桩头上的脏物和氧化物，擦净连接线外部及夹头，清除安装架上的脏物。疏通加液口盖通气孔，并将其清洗干净。安装时，在极柱和夹头上涂一薄层工业凡士林。

步骤2 检查蓄电池电解液液面高度。

1）如图4-33所示，用一根内径为6~8mm、长约150mm的玻璃管，垂直插入加液口内，直至极板边缘为止。

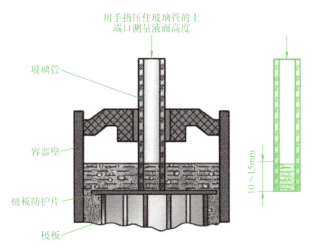

图4-33 检查蓄电池电解液液面高度

2）用拇指压紧管上口，用食指和无名指将玻璃管夹出，玻璃管中电解液的高度即为蓄电池内电解液液面高出极板的高度，应为10~15mm。

3）最后再将电解液放入原单格电池中。

步骤3 补充电解液。如果电解液液面过低，应及时补充蒸馏水或市场上销售的蓄电池补充液，不要添加自来水、河水或井水，以免混入杂质造成自行放电故障；

也不要添加电解液，否则，会使电解液浓度增大而缩短蓄电池的使用寿命。

注意：电解液液面不能过高，以防充、放电过程中电解液外溢造成短路故障（见图 4-34）。调整液面之后应对蓄电池充电 0.5h 以上，以便使加入的蒸馏水能够与原电解液混合均匀，否则，在冬季会使蓄电池内结冰。

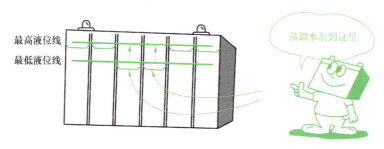

图 4-34　补充蒸馏水

5. 评分标准

序号	作业项目	考核内容及要求	配分	评分标准	考核记录	扣分	得分
1	清洁	清洁蓄电池	10 分	清洁不彻底扣 5 分			
2	检查	检查电解液	50 分	检查方法不正确扣 30 分			
3	补充	补充蒸馏水	35 分	方法不正确扣 20 分			
4	安全文明生产	遵守安全操作规程，正确使用工量具，操作现场整洁	5 分	每项扣 1 分，扣完为止			
5	分数总计		100 分				

否定项说明：出现重大安全事故按 0 分计

评分人：　　　年　月　日　　核分人：　　　年　月　日

实训模块二　发动机检修

技能训练一　曲轴轴向间隙的检查

1. 训练准备

1）发动机 1 台。

2）百分表及表架、塞尺、一字槽螺钉旋具各 1 个。

3）撬棒 1 根，棉纱 1 团。

2. 训练要求

按正确方法检查曲轴轴向间隙。

3. 训练时间

20min。

4. 基本操作步骤

> 操作步骤描述：拆卸→测量。

步骤 1　拆卸飞轮，如图 4-35 所示。

步骤 2　按图 4-36 所示的方法单方向固定曲轴，防止拆卸飞轮螺栓时曲轴旋转。

图 4-35　拆卸飞轮

图 4-36　固定曲轴

步骤 3　拆下飞轮，如图 4-37 所示。

注意：对角分 2~3 次拧下飞轮上的 6 个固定螺栓，取下飞轮。

步骤 4　拆下曲轴后油封凸缘，如图 4-38 所示。

注意：对角分 2~3 次拧下曲轴后油封凸缘的 6 个固定螺栓，用橡胶锤轻击并取下曲轴后油封凸缘。

图 4-37　拆下飞轮

图 4-38　拆下曲轴后油封凸缘

步骤 5　把磁性表架固定在飞轮壳上，将百分表测头抵住飞轮表面。用螺钉旋具轴向撬动飞轮，同时观察百分表指针摆动值，如图 4-39 所示。

步骤 6　也可用螺钉旋具轴向撬动飞轮，用塞尺进行测量，如图 4-40 和图 4-41 所示。

图 4-39　用百分表测量

图 4-40　用螺钉旋具撬动

图 4-41　用塞尺测量

5. 评分标准

序号	作业项目	考核内容及要求	配分	评分标准	考核记录	扣分	得分
1	劳动用品穿戴	劳保用品穿戴齐全	2分	穿戴不全不得分			
2	正确选用工具、量具、材料	选用工具、量具、材料齐全、准确	5分	缺一件扣1分，选错一件扣1分，扣完为止			
3	准备	检测前的准备	5分	准备不充分一次扣2.5分，2次扣5分 准备失误扣5分			
4	检查	安装百分表	20分	操作方法不正确扣10分 安装位置不正确扣10分			
		检查轴向间隙	40分	检查方法不正确扣20分 检查结果不正确扣20分			
5	正确使用工具、用具	工具、用具使用正确	10分	一种工具、用具使用不正确扣2分，扣完为止 损坏丢失一件工具、用具不得分			
6	操作规程	操作规程执行情况	15分	违反操作规程不得分			
7	清理现场	清理、擦洗并回收工具、用具	3分	少收一件工具、用具扣1分，扣完为止			
8	分数总计		100分				

否定项说明：出现重大安全事故按0分计

评分人：　　年　月　日　　核分人：　　年　月　日

技能训练二　气缸盖的拆装

1. 训练准备

1）发动机1台。

2）扭力扳手、呆扳手、梅花扳手、套筒扳手各1把。

2. 训练要求

按正确的操作规程完成发动机气缸盖的拆卸与安装。

3. 训练时间

20min。

4. 基本操作步骤

操作步骤描述：拆卸→安装。

步骤1　气缸盖的拆卸。

1)拆下正时带后护罩,如图4-42所示。

2)拆下凸轮轴正时齿轮后护罩,如图4-43所示。

3)拆下气门室罩盖压条螺母,拧下机油加注口盖,取下气门室罩盖压条,最后取下气门室罩盖,如图4-44所示。

图4-42 拆下正时带后护罩　　图4-43 拆下正时齿轮后护罩　　图4-44 取下气门室罩盖

4)取出气门室罩盖密封垫,如图4-45所示。

5)拆卸气缸盖螺栓,如图4-46所示。

注意:按照图4-47所示编号1~10的顺序依次分2~3次拧下气缸盖螺栓。如果螺栓不按正确顺序拆除,有可能损坏气缸盖。

  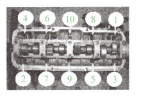

图4-45 取出密封垫　　图4-46 拆卸气缸盖螺栓　　图4-47 拆除顺序

6)依次用套筒或吸棒取出气缸盖螺栓,如图4-48所示。

注意:每个螺栓对应的位置不要弄错。

7)拆下气缸盖,如图4-49所示。

注意:若气缸盖粘住,可用木槌轻击气缸盖四周使其松动。不准用螺钉旋具或撬棒插入缝口硬撬,以免损坏气缸盖垫和刮伤缸体、缸盖平面。

8)取下气缸垫,如图4-50所示。

图4-48 取出螺栓　　图4-49 拆下气缸盖　　图4-50 取下气缸垫

步骤2 气缸盖的安装

1）全面清洁气缸盖下平面、缸体上平面及气缸垫。

2）在气缸垫两面涂上一层薄机油或石墨脂，装于气缸体上。铸铁缸盖的气缸垫翻边应朝上，铝合金缸盖的气缸垫翻边应朝下。

3）装上气缸盖。

注意：每个气缸盖的第1、3火花塞孔下部各有一个定位孔要与缸体上的定位环对准。同时，气缸垫也是以这两个定位环定位的，以保证缸孔、水道、油道孔、螺栓孔均能准确地对准。

4）在气缸盖螺栓的螺纹部位涂少量机油，旋入螺孔。

5）用原厂规定的力矩分2~3次逐渐拧紧螺栓。螺栓紧固顺序如图4-51所示。

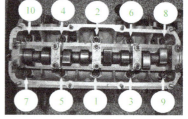

图4-51 气缸盖螺栓紧固顺序

5. 评分标准

序号	作业项目	考核内容及要求	配分	评分标准	考核记录	扣分	得分
1	劳动用品穿戴	劳保用品穿戴齐全	2分	穿戴不全不得分			
2	正确选用工具、量具、材料	选用工具、量具、材料齐全、准确	5分	缺一件扣1分，选错一件扣1分，扣完为止			
3	准备	检测前的准备	5分	准备不充分一次扣2.5分，2次扣5分 准备失误扣5分			
4	拆卸	拆卸气门室罩盖 拆卸气缸盖紧固螺栓 取下气缸盖及气缸垫	20分	每出现一次错误扣2分 螺栓拆卸方法不正确扣10分 操作方法不正确扣5分			
5	安装	安装气缸垫 安装紧固气缸盖 安装其他构件	40分	气缸垫安装方向不正确扣10分 螺栓紧固方法不正确扣10分 紧固力矩不符合要求扣10分 每出现一次操作错误扣2分			
6	正确使用工具、用具	工具、用具使用正确	10分	一种工具、用具使用不正确扣2分，扣完为止 损坏丢失一件工具、用具不得分			
7	操作规程	操作规程执行情况	15分	违反操作规程不得分			
8	清理现场	清理、擦洗并回收工具、用具	3分	少收一件工具、用具扣1分，扣完为止			
9	分数总计		100分				

否定项说明：出现重大安全事故按0分计

评分人： 年 月 日 核分人： 年 月 日

技能训练三　发电机传动带的检查与调整

1. 训练准备

1）车辆或发动机1台。

2）呆扳手、梅花扳手、活扳手各1把。

3）撬棍1根，棉纱1团。

2. 训练要求

1）正确检查和判断发电机传动带的磨损程度和松紧度。

2）正确调整发电机传动带的松紧度。

3）调整后的传动带松紧度符合技术标准。

3. 训练时间

20min。

4. 基本操作步骤

操作步骤描述：检查→调整→复检。

步骤1　用手指按压驱动传动带的中间部位，如图4-52所示，挠度应为12mm左右。如果不符合要求，应进行调整。

步骤2　调整时，先拧松发电机张紧螺母和螺栓，如图4-53所示。

步骤3　调整松紧螺栓，如图4-54所示。

图4-52　按压驱动传动带　　图4-53　拧松张紧螺母和螺栓　　图4-54　调整松紧螺栓

步骤4　使发电机传动带松紧度符合要求，如图4-55所示，最后拧紧紧固螺母。

步骤5　调整好后，检查风扇传动带是否有裂纹、磨损，如果有，应更换传动带。同时，翻转传动带，能够达到90°，不能过松或过紧，如图4-56所示。

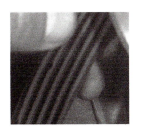

图4-55　检查传动带松紧度　　　　　图4-56　翻转传动带

5. 评分标准

序号	作业项目	考核内容及要求	配分	评分标准	考核记录	扣分	得分
1	劳动用品穿戴	劳保用品穿戴齐全	2分	穿戴不全不得分			
2	正确选用工具、量具、材料	选用工具、量具、材料齐全、准确	5分	缺一件扣1分，选错一件扣1分，扣完为止			
3	准备	检测前的准备	5分	准备不充分一次扣2.5分，2次扣5分 准备失误扣5分			
4	检查	检查传动带的磨损程度	10分	检查方法不正确扣5分 检查结果不正确扣5分			
		检查传动带的松紧度	10分	检查方法不正确扣5分 检查结果不正确扣5分			
5	调整	调整传动带的松紧度	30分	调整方法不正确扣20分 调整结果不正确扣10分			
6	复检	复检传动带的松紧度	10分	检查方法不正确扣5分 检查结果不正确扣5分 未检查扣10分			
7	正确使用工具、用具	工具、用具使用正确	10分	一种工具、用具使用不正确扣2分，扣完为止 损坏丢失一件工具、用具不得分			
8	操作规程	操作规程执行情况	15分	违反操作规程不得分			
9	清理现场	清理、擦洗并回收工具、用具	3分	少收一件工具、用具扣1分，扣完为止			
10	分数总计		100分				

否定项说明：出现重大安全事故按0分计

评分人：　　　　年　月　日　　核分人：　　　　年　月　日

实训模块三　底盘检修

技能训练一　车轮拆装及换位

1. 训练准备

1）实训车辆1台。

2）常用修理工具1套。

2. 训练要求

1）能够正确拆装车轮。

2）能够进行轮胎换位。

3）掌握轮胎换位方法。

3. 训练时间

30min。

4. 基本操作步骤

> **操作步骤描述：拆卸→换位→安装。**

说明：下面以轿车为例来介绍车轮拆装和换位方法。

步骤1 轿车的轮胎附近都有一个加强的点，专门用于千斤顶顶起车辆，如图4-57所示。

步骤2 用千斤顶将车顶起，但是不要让轮胎离开地面，目的是方便卸螺栓（千斤顶起作用即可），如图4-58所示。

图4-57　前后轮支车的位置

图4-58　将车顶起

步骤3 拆卸轮胎的螺栓。注意拆卸时按对角线的顺序拧松螺栓，如图4-59所示。

步骤4 用千斤顶顶起汽车，使轮胎离开地面，卸下轮胎，如图4-60所示。

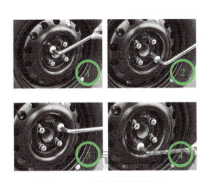

图4-59　拆卸螺栓的顺序

图4-60　卸下轮胎

步骤5 打开行李舱，取下备胎，如图4-61所示。

步骤6 安装备胎，拧上螺栓，拧紧两个螺栓即可松卸千斤顶。待轮胎着地后，拧紧轮胎螺栓，如图4-62所示。

注意：拧螺栓也要按照对角线的顺序进行。

图 4-61　取下备胎

图 4-62　拧紧轮胎螺栓

5. 评分标准

序号	作业项目	考核内容及要求	配分	评分标准	考核记录	扣分	得分
1	劳动用品穿戴	劳保用品穿戴齐全	2 分	穿戴不全不得分			
2	正确选用工具、量具、材料	选用工具、量具、材料齐全、准确	5 分	缺一件扣 1 分，选错一件扣 1 分，扣完为止			
3	准备	拆卸前的准备	5 分	准备不充分一次扣 2.5 分，2 次扣 5 分 准备失误扣 5 分			
4	拆卸	松开车轮并取下车轮	10 分	螺栓拆卸方法不正确扣 5 分 操作方法不正确扣 5 分			
5	轮胎换位	进行轮胎换位	30 分	换位方法不正确扣 30 分			
6	安装	安装车轮并紧固车轮	20 分	安装不正确扣 5 分 螺栓紧固方法不正确扣 5 分 紧固力矩不符合要求扣 10 分			
7	正确使用工具、用具	工具、用具使用正确	10 分	一种工具、用具使用不正确扣 2 分，扣完为止 损坏丢失一件工具、用具不得分			
8	操作规程	操作规程执行情况	15 分	违反操作规程不得分			
9	清理现场	清理、擦洗并回收工具、用具	3 分	少收一件工具、用具扣 1 分，扣完为止			
10	分数总计		100 分				

否定项说明：出现重大安全事故按 0 分计

评分人：　　　年 月 日　　　核分人：　　　年 月 日

技能训练二 拆卸和安装轮胎

1. 训练准备

1）实训车辆1台。

2）常用修理工具1套。

2. 训练要求

能够正确拆装轮胎。

3. 训练时间

30min。

4. 基本操作步骤

> 操作步骤描述：拆卸→安装。

步骤1 压出轮胎。

1）拧气门嘴，放出轮胎中的气体。

2）在轮胎装配机上用轮缘松开器压出轮胎时务必注意，轮胎充气阀（图4-63所示箭头处）必须与轮缘松开器相对。

提示：轮缘松开器与轮辋凸缘的距离最大为2cm。

3）除去配重和辐板式车轮上的大块污物。

4）沿圆周压下胎圈，同时，在轮胎和轮辋凸缘间大量涂抹轮胎装配膏（图4-64所示箭头处）。

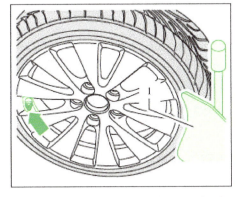
图4-63 轮胎充气阀与轮缘松开器相对

图4-64 涂抹轮胎装配膏

步骤2 拆卸轮胎。

1）将车轮安装到轮胎装配机上，使轮胎充气阀位于装配头前方（见图4-65）。

注意：装配头不允许位于轮胎充气阀区域 a 内，因为装配头会损坏轮胎充气阀。

2）将装配头固定在轮胎充气阀附近，以便轮胎撬棍能以大致30°的角度从轮胎充气阀附近插入。

3）用轮胎撬棍将胎圈撬过装配头上的装配销，再次取下轮胎撬棍。

4）顺时针转动轮胎装配机，直到胎圈完全从轮辋凸缘上脱下。

提示：1）检查轮胎充气阀是否松动或损坏。如果螺栓连接件松动，则必须使用维修套件中的新部件更换锁紧螺母、气门嘴、密封件、密封垫和气门嘴帽。

2）如果轮胎充气阀损坏，必须整个更换。

步骤3 安装轮胎。

提示：建议在更换轮胎时更换轮胎充气阀。

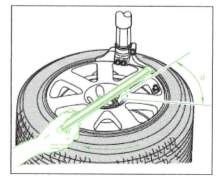

图4-65　将车轮安装到轮胎装配机上

1）用轮胎装配膏大量地涂抹轮辋凸缘、胎圈和上部胎圈内侧。

2）首先安装轮胎内侧。

3）将车轮安装到轮胎装配机上，并且使轮胎充气阀（图4-66所示箭头处）与装配头相对。

4）将轮胎压入轮胎充气阀和装配头之间的轮辋凸缘内。

注意：检查胎圈在装配头上的位置是否正确，并使装配机能够顺时针转动。

5）在轮胎充气阀前侧结束轮胎的安装，以避免损坏轮胎充气阀。

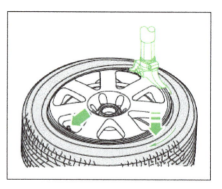

图4-66　轮胎充气阀与装配头相对

注意：这时，胎圈滑过轮辋凸缘。当装配头位于轮胎充气阀前侧时，不允许继续转动车轮。

6）为轮胎充气，最大压力为0.33MPa（起跳压力）。

注意：如果胎圈没有完全紧贴车轮边缘，决不允许继续升高压力，否则可能造成轮胎或车轮早期磨损。

7）如果胎圈没有完全紧贴车轮边缘，则排出空气，重新压出胎圈，并再一次用轮胎装配膏大量地涂抹轮辋凸缘。

8）为轮胎充气，最大压力为0.33MPa（起跳压力）。

9）将胎圈完好无损地紧贴在轮辋凸缘上，然后将轮胎充气压力升高至0.4MPa，用于轮胎"回座"。

10）拧入一个新的镀镍气门嘴，并调整轮胎充气压力达到规定的值。

11）平衡车轮。

12）安装车轮，并以规定力矩拧紧紧固螺母。

5. 评分标准

序号	作业项目	考核内容及要求	配分	评分标准	考核记录	扣分	得分
1	劳动用品穿戴	劳保用品穿戴齐全	2 分	穿戴不全不得分			
2	正确选用工具、量具、材料	选用工具、量具、材料齐全、准确	5 分	缺一件扣 1 分，选错一件扣 1 分，扣完为止			
3	准备	拆卸前的准备	5 分	准备不充分一次扣 2.5 分，2 次扣 5 分；准备失误扣 5 分			
4	压出	压出轮胎	10 分	方法不正确扣 5 分			
5	拆卸	拆卸轮胎	20 分	方法不正确扣 15 分			
6	安装	安装轮胎	30 分	安装不正确扣 20 分			
7	正确使用工具、用具	工具、用具使用正确	10 分	一种工具、用具使用不正确扣 2 分，扣完为止；损坏丢失一件工具、用具不得分			
8	操作规程	操作规程执行情况	15 分	违反操作规程不得分			
9	清理现场	清理、擦洗并回收工具、用具	3 分	少收一件工具、用具扣 1 分，扣完为止			
10	分数总计		100 分				

否定项说明：出现重大安全事故按 0 分计

评分人：　　　年　月　日　　　核分人：　　　年　月　日

技能训练三　拆装盘式制动器

1. 训练准备

1）上海桑塔纳 2000 型轿车 1 辆。

2）常用修理工具 1 套。

2. 训练要求

正确拆装盘式制动器。

3. 训练时间

50min。

4. 基本操作步骤

操作步骤描述：拆卸→安装。

步骤1　拆卸制动器。图4-67所示为桑塔纳2000型轿车前轮盘式制动器的分解图。

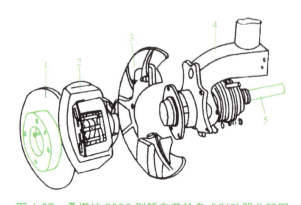

图4-67　桑塔纳2000型轿车前轮盘式制动器分解图
1—制动盘　2—制动钳　3—制动底板　4—车轮支承壳总成　5—传动轴

1）制动器的拆卸。

① 松开车轮螺母，将车举起后拧下车轮螺母并取下车轮。

② 松开制动钳体的紧固螺栓(紧固力矩为70N·m)，前轮制动器即可与车轮分离。

③ 拧松制动器罩的螺栓，制动器罩即可从转向节体上取下。

④ 松开制动软管接头，并用容器收集制动液。

2）拆卸制动摩擦块。

① 如图4-68所示，拆卸上、下定位螺栓，用手卸下上、下定位弹簧。

② 取下制动钳壳体，取下制动底板上的制动摩擦块。

③ 抽出制动轮缸中的制动液，并用专用容器存放（制动液有毒且有腐蚀性），然后把制动轮缸活塞压回制动钳壳体内。

步骤2　装配制动器。

1）按拆卸相反顺序安装制动器。

2）装入新的摩擦块。

3）安装上、下定位弹簧，如图4-69所示。

4）安装制动钳体，用70N·m的力矩紧固螺栓。

5）安装完毕后，停车时用力将制动踏板踏到底数

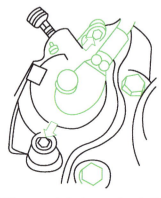

图4-68　拆卸上、下定位螺栓

图4-69　安装上、下定位弹簧

次，以便制动摩擦块正确到位，并配合系统放气。

5. 评分标准

序号	作业项目	考核内容及要求	配分	评分标准	考核记录	扣分	得分
1	劳动用品穿戴	劳保用品穿戴齐全	2分	穿戴不全不得分			
2	正确选用工具、量具、材料	选用工具、量具、材料齐全、准确	5分	缺一件扣1分，选错一件扣1分，扣完为止			
3	准备	拆装前的准备	5分	准备不充分一次扣2.5分，2次扣5分 准备失误扣5分			
4	拆卸	拆卸制动器	30分	每出现一处操作错误扣2分			
5	安装	安装制动器	30分	每出现一处操作错误扣2分			
6	正确使用工具、用具	工具、用具使用正确	10分	一种工具、用具使用不正确扣2分，扣完为止 损坏丢失一件工具、用具不得分			
7	操作规程	操作规程执行情况	15分	违反操作规程不得分			
8	清理现场	清理、擦洗并回收工具、用具	3分	少收一件工具、用具扣1分，扣完为止			
9	分数总计		100分				

否定项说明：出现重大安全事故按0分计

评分人：　　　年　月　日　　　核分人：　　　年　月　日

技能训练四　拆装鼓式制动器

1. 训练准备

1）上海桑塔纳2000型轿车1辆。

2）常用修理工具1套。

2. 训练要求

正确拆装鼓式制动器。

3. 训练时间

30min。

4. 基本操作步骤

操作步骤描述：拆卸→安装。

步骤1 拆卸制动器。图4-70所示为桑塔纳2000型轿车后轮鼓式制动器分解图。

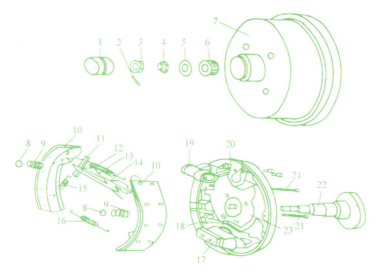

图4-70 桑塔纳2000型轿车后轮鼓式制动器分解图

1—轮毂盖 2—开口销 3—开槽垫圈 4—调整螺母 5—止推垫圈 6—轴承 7—制动鼓 8—弹簧座 9—压簧 10—制动蹄 11—楔形块 12—回位弹簧 13—上回位弹簧 14—压力杆 15—楔形块回位弹簧 16—下回位弹簧 17—固定板 18—螺栓 19—制动轮缸 20—制动底板 21—定位销 22—后轮支撑短轴 23—观察孔橡胶塞

1）拧松车轮螺母（拧紧力矩为110N·m），将车举起后拧下车轮螺母并取下车轮。

2）用专用工具VW673/2卸下轮毂盖。

3）取下开口销及开槽垫圈，旋下后车轮轴承调整螺母，取出止推垫圈。

4）用螺钉旋具通过制动鼓螺孔向上拨动楔形块，使制动蹄与制动鼓放松，如图4-71所示，然后取下制动鼓。

5）用鲤鱼钳拆下压簧座圈，用手从下面的支架上提起制动蹄，取出下回位弹簧。

6）取下制动杆上的驻车制动拉索，用鲤鱼钳取下楔形块回位弹簧和上回位弹簧。

7）拆下制动蹄并把带压力杆的制动蹄夹紧在台虎钳上，拆下回位弹簧，取下制动蹄，如图4-72所示。

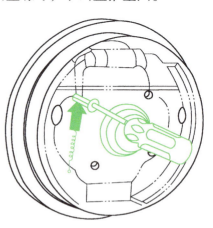

图4-71 拨动楔形块

第四部分 操作技能考核指导

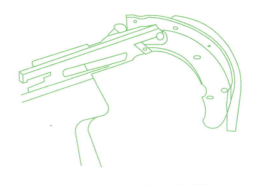

图 4-72 拆卸制动蹄回位弹簧

8）如有必要，拆下制动轮缸并解体，如图 4-73 所示。

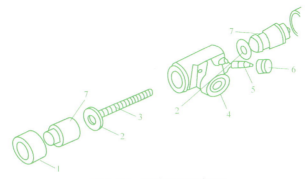

图 4-73 制动轮缸分解图

1—防尘罩 2—密封圈 3—弹簧 4—轮缸外壳 5—放气阀 6—防尘罩 7—活塞

步骤 2　装配制动器。

1）装上回位弹簧，将制动蹄装在压力杆上。

2）装上楔形件，凸块朝向制动底板。

3）将制动蹄装在压力杆上，如图 4-74 所示。

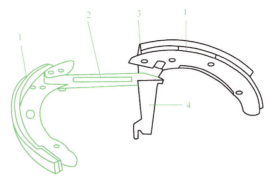

图 4-74 将制动蹄装在压力杆上

1—制动蹄 2—压力杆 3—销轴 4—制动杆

4）装入上回位弹簧，在传动臂上套上驻车制动拉索。

5）把制动蹄装在制动轮缸的活塞外槽上。

6）装入下回位弹簧，并把制动蹄提起，装到下面的支座上。

7）装上楔形件的回位弹簧。

8）装上制动鼓、后轮轴承及止推垫圈，调整好轮毂轴承间隙后再装上开口垫圈及新的开口销。

9）装好后踩一下制动踏板，使制动蹄正确到位，摩擦片与制动鼓的间隙得到自动调整（若制动轮缸进行了分解，装配后则要进行系统排气）。

5. 评分标准

序号	作业项目	考核内容及要求	配分	评分标准	考核记录	扣分	得分
1	劳动用品穿戴	劳保用品穿戴齐全	2分	穿戴不全不得分			
2	正确选用工具、量具、材料	选用工具、量具、材料齐全、准确	5分	缺一件扣1分，选错一件扣1分，扣完为止			
3	准备	拆装前的准备	5分	准备不充分一次扣2.5分，2次扣5分 准备失误扣5分			
4	拆卸	拆卸制动器	30分	每出现一处操作错误扣2分			
5	安装	安装制动器	30分	每出现一处操作错误扣2分			
6	正确使用工具、用具	工具、用具使用正确	10分	一种工具、用具使用不正确扣2分，扣完为止 损坏丢失一件工具、用具不得分			
7	操作规程	操作规程执行情况	15分	违反操作规程不得分			
8	清理现场	清理、擦洗并回收工具、用具	3分	少收一件工具、用具扣1分，扣完为止			
9	分数总计		100分				

否定项说明：出现重大安全事故按0分计

评分人：　　　年　月　日　　　核分人：　　　年　月　日

实训模块四　汽车电器检修

技能训练一　更换蓄电池

1. 训练准备

1）大众迈腾轿车1辆。

2）常用修理工具1套。

2. 训练要求

正确拆装蓄电池。

3. 训练时间

30min。

4. 基本操作步骤

> 操作步骤描述：拆卸→安装。

步骤1　拆卸蓄电池。蓄电池装配图如图4-75所示。

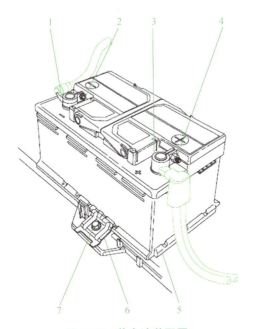

图4-75　蓄电池装配图

1—蓄电池接地线的接线端　2—接地线的接线端紧固螺母　3—正极接线端　4—正极接线端紧固螺母
5—蓄电池　6—紧固卡箍/固定板　7—紧固螺栓

1）关闭点火开关和所有用电器，并脱开位于0（预锁止位置）位中的点火钥匙。

2）松开接线端螺栓连接"1",并从蓄电池负极上拔下蓄电池接地线的接线端,如图4-76所示。

3）松开接线端螺栓连接"2",并从蓄电池正极上拔下蓄电池正极线的接线端。

注意：当断开蓄电池负极后,就可以确保安全地操作电气设备。只有在拆卸蓄电池时,才需要拧下蓄电池正极接线端。

4）沿图4-77所示箭头方向向上拔出蓄电池箱壁或取下蓄电池护罩。

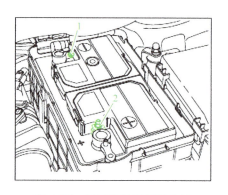
图4-76 松开接线端螺栓连接

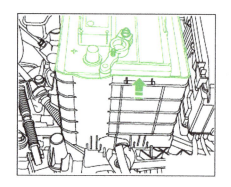
图4-77 拔出蓄电池箱壁

5）旋出紧固螺栓"1",取下固定板"2",如图4-78所示。

6）按图4-79所示箭头方向向上翻起把手（如果有）,取出蓄电池。

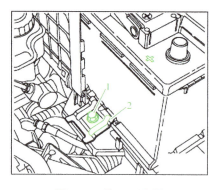
图4-78 取下固定板

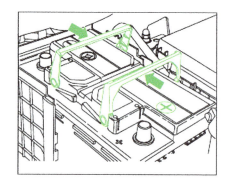
图4-79 翻起把手

步骤2 安装蓄电池。安装以拆卸倒序进行,同时必须注意下列事项：

1）如果蓄电池安装不牢固,则可能由于振荡造成蓄电池损坏,进而缩短蓄电池的使用寿命。

2）未按规定固定蓄电池会导致损坏蓄电池栅格板。

3）由紧固卡箍/固定板导致的蓄电池壳体损坏,可能出现酸液泄漏,后果严重。

4）用规定的拧紧力矩拧紧所有螺栓。

5）安装好蓄电池后检测是否牢固。
6）连接蓄电池连接线。

5. 评分标准

序号	作业项目	考核内容及要求	配分	评分标准	考核记录	扣分	得分
1	劳动用品穿戴	劳保用品穿戴齐全	2分	穿戴不全不得分			
2	正确选用工具、量具、材料	选用工具、量具、材料齐全、准确	5分	缺一件扣1分，选错一件扣1分，扣完为止			
3	准备	拆装前的准备	5分	准备不充分一次扣2.5分，2次扣5分 准备失误扣5分			
4	拆卸	关闭点火开关	5分	没有关闭扣5分			
		先拆负极	10分	没有先拆负极扣10分			
		拆卸蓄电池	20分	每出现一处错误扣2分			
5	安装	按操作步骤正确安装	25分	安装错误一处扣2分，直至扣除16分为止			
6	正确使用工具、用具	工具、用具使用正确	10分	一种工具、用具使用不正确扣2分，扣完为止 损坏丢失一件工具、用具不得分			
7	操作规程	操作规程执行情况	15分	违反操作规程不得分			
8	清理现场	清理、擦洗并回收工具、用具	3分	少收一件工具、用具扣1分，扣完为止			
9	分数总计		100分				

否定项说明：出现重大安全事故按0分计

评分人：　　年　月　日　　核分人：　　年　月　日

技能训练二　火花塞的检查与清洁

1. 训练准备

1）实训车辆1台
2）火花塞套筒、圆形规、火花塞清洁器、薄竹片、棉纱。

2. 训练要求

1）按正确的操作规程检查火花塞的技术状况。
2）正确清洁火花塞，使之符合技术标准。

3. 训练时间

20min。

4. 基本操作步骤

> 操作步骤描述：拆卸→检查→清洁。

步骤 1　拆卸发动机的护罩螺栓，如图 4-80 所示。

步骤 2　取下发动机护罩，如图 4-81 所示。

图 4-80　拆卸护罩螺栓

图 4-81　取下发动机护罩

步骤 3　拆卸火花塞前，要清除火花塞孔处的杂物和灰尘，如图 4-82 所示。

步骤 4　用火花塞套筒逐一卸下各缸的火花塞。拆卸时，火花塞套筒要确实套牢火花塞，否则，会损坏火花塞的绝缘磁体而引起漏电，如图 4-83 所示。

图 4-82　清洁火花塞

图 4-83　拆卸火花塞

步骤 5　逐一检查火花塞，如果火花塞的电极呈现灰白色，而且没有积炭，则表明该火花塞工作正常，燃烧良好，如图 4-84 所示。

步骤 6　如果电极有积炭，用火花塞清洁器进行清洁，清除积炭，如图 4-85 所示。

步骤 7　如果火花塞烧蚀或有其他异常现象，则表明该火花塞有故障，应予以更换，如图 4-86 所示。

步骤 8　用抹布擦净火花塞，检查火花塞的绝缘体，如图 4-87 所示。

图 4-84　检查火花塞

图 4-85　清除积炭

图 4-86　火花塞故障

图 4-87　擦净火花塞

步骤 9　磁芯如有损坏、破裂，应予以更换，如图 4-88 所示。

步骤 10　用火花塞量规测量火花塞电极间隙，如图 4-89 所示。

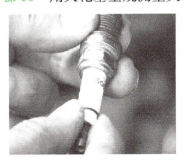

图 4-88　检查磁芯

图 4-89　测量电极间隙

步骤 11　火花塞间隙太大时，可用螺钉旋具柄轻轻敲打外电极来调整，如图 4-90 所示。

步骤 12　火花塞间隙过小时，可将一字槽螺钉旋具插入电极之间，扳动一字槽螺钉旋具把间隙调整到符合要求为止（0.7~0.9mm），如图 4-91 所示。

注意：调整火花塞间隙时，只能弯动旁电极，不能弯动中央电极，以免损坏绝缘体。火花塞间隙调整好后，外电极与中央电极应略成直角，如过度弯曲或电极烧蚀成

图 4-90　调整火花塞间隙 1

圆形，则表示该火花塞不能再使用，应予以更换。

步骤13 安装火花塞时，先用手抓住火花塞的尾部，对准火花塞孔，慢慢用手拧上几圈，然后再用火花塞套筒拧紧，如图4-92所示。

图4-91 调整火花塞间隙2

图4-92 安装火花塞

5. 评分标准

序号	作业项目	考核内容及要求	配分	评分标准	考核记录	扣分	得分
1	劳动用品穿戴	劳保用品穿戴齐全	2分	穿戴不全不得分			
2	正确选用工具、量具、材料	选用工具、量具、材料齐全、准确	5分	缺一件扣1分，选错一件扣1分，扣完为止			
3	准备	拆装前的准备	5分	准备不充分一次扣2.5分，2次扣5分 准备失误扣5分			
4	检查	拆卸火花塞1只	10分	操作方法不正确扣5分			
		检查火花塞积炭	10分	检查方法不正确扣5分 检查结果不正确扣5分			
		检查火花塞间隙	10分	检查方法不正确扣5分 检查结果不正确扣5分			
		检查火花塞的跳火情况	10分	检查方法不正确扣5分 检查结果不正确扣5分			
5	清洁	清除火花塞积炭	20分	操作方法不正确扣10分			
6	正确使用工具、用具	工具、用具使用正确	10分	一种工具、用具使用不正确扣2分，扣完为止 损坏丢失一件工具、用具不得分			
7	操作规程	操作规程执行情况	15分	违反操作规程不得分			
8	清理现场	清理、擦洗并回收工具、用具	3分	少收一件工具、用具扣1分，扣完为止			
9	分数总计		100分				

否定项说明：出现重大安全事故按0分计

评分人： 年 月 日 核分人： 年 月 日

技能训练三 点火提前角的检测与调整

1. 训练准备
1）车辆或发动机台架 1 台。
2）点火正时灯 1 把、常用修理工具 1 套、维修手册 1 本、棉纱 1 团。

2. 训练要求
1）按正确的操作规程，利用点火正时灯检查点火提前角。
2）调整点火提前角，使之符合技术标准要求。

3. 训练时间
10min。

4. 基本操作步骤

> 操作步骤描述：检查→调整→复检。

步骤 1 检查点火提前角。

1）通过变速器壳体上的观察窗，将发动机第一缸置于压缩行程上止点，如图 4-93 所示。

2）将点火正时灯的触发线接在第一缸的高压线上，将正时灯的两个电源插头接在蓄电池的正负极上，如图 4-94 所示。

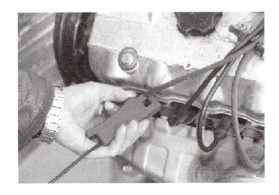

图 4-93　将发动机第一缸置于压缩行程上止点　　　　图 4-94　接线

3）起动发动机，运转到正常工作温度，保证在急速转速下稳定运转。用正时灯照射正时记号处，应使记号对正上止点前 11°~13° 的位置，如图 4-95 所示。

注意：测出的点火提前角应与规定标准值进行对照，判断点火提前角的大小是否符合要求。若不符合要求，应调整点火提前角。

步骤 2 调整点火提前角。旋松分电器固定螺钉，旋转分电器盘调整提前角，直到校准 11°~13° 为止，旋紧固定螺钉，如图 4-96 所示。

图 4-95 检查点火提前角

图 4-96 调整点火提前角

5. 评分标准

序号	作业项目	考核内容及要求	配分	评分标准	考核记录	扣分	得分
1	劳动用品穿戴	劳保用品穿戴齐全	2 分	穿戴不全不得分			
2	正确选用工具、量具、材料	选用工具、量具、材料齐全、准确	5 分	缺一件扣 1 分,选错一件扣 1 分,扣完为止			
3	准备	检测前的准备	5 分	准备不充分一次扣 2.5 分,2 次扣 5 分 准备失误扣 5 分			
4	检查	将点火正时灯连接到汽车发动机上,并起动发动机	10 分	操作方法不正确扣 10 分 操作不熟练扣 5 分			
		检查点火提前角	20 分	检查方法不正确扣 5 分 检查结果不正确扣 10 分			
5	调整	调整点火提前角	20 分	调整方法不正确扣 10 分 调整结果不正确扣 10 分			
6	复检	调整完毕,再次检查点火提前角	10 分	检查方法不正确扣 5 分 检查结果不正确扣 5 分 未检查扣 10 分			
7	正确使用工具、用具	工具、用具使用正确	10 分	一种工具、用具使用不正确扣 2 分,扣完为止 损坏丢失一件工具、用具不得分			
8	操作规程	操作规程执行情况	15 分	违反操作规程不得分			
9	清理现场	清理、擦洗并回收工具、用具	3 分	少收一件工具、用具扣 1 分,扣完为止			
10	分数总计		100 分				

否定项说明:出现重大安全事故按 0 分计

评分人:　　　年　月　日　　　核分人:　　　年　月　日

技能训练四　更换照明灯具

1. 训练准备
1）大众迈腾轿车 1 辆。
2）常用修理工具 1 套。

2. 训练要求
正确更换前照灯。

3. 训练时间
30min。

4. 基本操作步骤

> **操作步骤描述：拆卸→安装。**

步骤 1　拆卸前照灯。

提示：不必断开蓄电池的接地线。

1）关闭点火开关和所有用电设备，并脱开位于 0（预锁止位置）位中的点火钥匙。

2）解锁并脱开前照灯背面的插头连接（图 4-97 所示箭头处）。

3）拆卸前保险杠盖板。

4）旋出前照灯下部和内部的两个紧固螺栓（图 4-98 所示箭头处）。

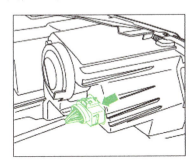

图 4-97　解锁并脱开前照灯背面的插头连接

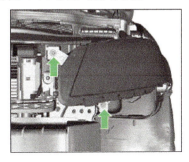

图 4-98　旋出紧固螺栓

5）旋出上部紧固螺钉"2"（见图 4-99）。

6）用十字槽螺钉旋具通过车身上的开口旋出后部的紧固螺栓"1"（见图 4-99）。

7）向前从车身开口处取出前照灯。

步骤 2　安装前照灯。安装以拆卸倒序进行，同时必须注意下列事项：

1）用规定的拧紧力矩拧紧所有紧固螺栓。

2）检测前照灯的功能。

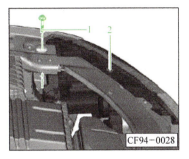

图 4-99　旋出紧固螺钉和螺栓

3）检查前照灯安装位置的间隙尺寸是否均匀。

4）如果前照灯安装位置的间隙不均匀，就必须校正安装位置。

5. 评分标准

序号	作业项目	考核内容及要求	配分	评分标准	考核记录	扣分	得分
1	劳动用品穿戴	劳保用品穿戴齐全	2分	穿戴不全不得分			
2	正确选用工具、量具、材料	选用工具、量具、材料齐全、准确	5分	缺一件扣1分，选错一件扣1分，扣完为止			
3	准备	拆装前的准备	5分	准备不充分一次扣2.5分，2次扣5分 准备失误扣5分			
4	拆卸	正确拆卸前照灯	30分	每出现一次错误扣5分			
5	安装	正确安装前照灯	30分	每出现一次错误扣5分			
6	正确使用工具、用具	工具、用具使用正确	10分	一种工具、用具使用不正确扣2分，扣完为止 损坏丢失一件工具、用具不得分			
7	操作规程	操作规程执行情况	15分	违反操作规程不得分			
8	清理现场	清理、擦洗并回收工具、用具	3分	少收一件工具、用具扣1分，扣完为止			
9	分数总计		100分				

否定项说明：出现重大安全事故按0分计

评分人：　　　年　月　日　　　核分人：　　　年　月　日

技能训练五　更换熔丝

1. 训练准备

1）实训车辆1台。

2）常用修理工具1套。

2. 训练要求

正确更换熔丝。

3. 训练时间

20min。

4. 基本操作步骤

操作步骤描述：拆卸→安装。

步骤 1 找到熔丝盒位置。驾驶室内的熔丝盒一般位于中控台靠近车门的一侧或在转向盘的下面；发动机舱内的熔丝盒一般在车辆发动机舱边缘，如图4-100所示。

图4-100 熔丝盒位置

步骤 2 查阅熔丝对照表找到熔丝位置。按熔丝盒盖子内的熔丝对照表找到需要的熔丝位置，如图4-101所示。

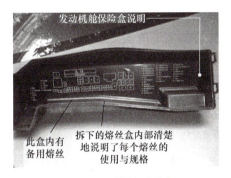

图4-101 熔丝对照表

步骤 3 对照找到熔丝实际位置。有了所要找熔丝的具体位置图，便可以对照图例找到熔丝在车内的实际位置，如图4-102所示。

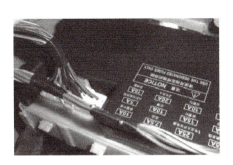

图4-102 找到熔丝实际位置

步骤 4 利用汽车配备的专用工具拔出损坏的熔丝，换上备用的新熔丝。

注意：目前车辆使用的插片式熔丝没有正负极之分，因此在更换熔丝时只要注意熔丝大小和安培数就可以。

5.评分标准

序号	作业项目	考核内容及要求	配分	评分标准	考核记录	扣分	得分
1	劳动用品穿戴	劳保用品穿戴齐全	2分	穿戴不全不得分			
2	正确选用工具、量具、材料	选用工具、量具、材料齐全、准确	5分	缺一件扣1分，选错一件扣1分，扣完为止			
3	准备	拆装前的准备	5分	准备不充分一次扣2.5分，2次扣5分 准备失误扣5分			
4	拆卸	正确拆卸熔丝	30分	每出现一次错误扣5分			
5	安装	正确安装熔丝	30分	每出现一次错误扣5分			
6	正确使用工具、用具	工具、用具使用正确	10分	一种工具、用具使用不正确扣2分，扣完为止 损坏丢失一件工具、用具不得分			
7	操作规程	操作规程执行情况	15分	违反操作规程不得分			
8	清理现场	清理、擦洗并回收工具、用具	3分	少收一件工具、用具扣1分，扣完为止			
9	分数总计		100分				

否定项说明：出现重大安全事故按0分计

评分人：　　　　　年　月　日　　　核分人：　　　　　年　月　日

技能训练六　更换空调滤芯

1.训练准备

1）实训车辆1台（本文为日系丰田）。

2）常用修理工具1套。

2.训练要求

正确更换空调滤芯。

3.训练时间

20min。

4.基本操作步骤

操作步骤描述：拆卸→安装。

步骤1　日系车通常将空调滤芯安装在副驾驶储物箱的后部，更换空调滤芯首先要打开储物箱盖，如图4-103所示。

第四部分 操作技能考核指导

步骤 2　找到储物箱右侧的固定卡扣，并用力向外侧拔出，如图 4-104 所示。

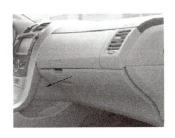

图 4-103　打开储物箱盖

图 4-104　拔出卡扣

步骤 3　将储物箱盖的固定卡扣取下拿掉，使之脱离，如图 4-105 所示。

步骤 4　用双手将储物箱两边向中间挤压，储物箱就可以拿下来了，如图 4-106 所示。

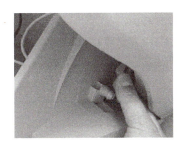

图 4-105　取下卡扣

图 4-106　取下储物箱

步骤 5　拿下储物箱就可以看到空调滤芯盖板了，用力按压盖板两侧的固定卡扣，盖板就可以取下，如图 4-107 所示。

步骤 6　向外侧抽出旧的空调滤芯，如图 4-108 所示。

图 4-107　取下盖板

图 4-108　取出空调滤芯

步骤 7　将新的空调滤芯装入，按拆卸的相反顺序恢复原位即可（注意空调滤芯的安装方向），如图 4-109 所示。

图 4-109　装入新的空调滤芯

155

5. 评分标准

序号	作业项目	考核内容及要求	配分	评分标准	考核记录	扣分	得分
1	劳动用品穿戴	劳保用品穿戴齐全	2 分	穿戴不全不得分			
2	正确选用工具、量具、材料	选用工具、量具、材料齐全、准确	5 分	缺一件扣 1 分，选错一件扣 1 分，扣完为止			
3	准备	拆装前的准备	5 分	准备不充分一次扣 2.5 分，2 次扣 5 分 准备失误扣 5 分			
4	拆卸	正确拆卸滤芯	30 分	每出现一次错误扣 5 分			
5	安装	正确安装滤芯	30 分	每出现一次错误扣 5 分			
6	正确使用工具、用具	工具、用具使用正确	10 分	一种工具、用具使用不正确扣 2 分，扣完为止 损坏丢失一件工具、用具不得分			
7	操作规程	操作规程执行情况	15 分	违反操作规程不得分			
8	清理现场	清理、擦洗并回收工具、用具	3 分	少收一件工具、用具扣 1 分，扣完为止			
9	分数总计		100 分				

否定项说明：出现重大安全事故按 0 分计

评分人：　　　　年　月　日　　核分人：　　　　年　月　日

第五部分 模拟试卷样例

Chapter 5

理论知识试卷

初级汽车维修工理论知识试卷

注意事项

1. 考试时间：120min。
2. 本试卷依据《国家职业技能标准 汽车维修工》命制。
3. 请首先按要求在试卷的标封处填写您的姓名、准考证号和所在单位的名称。
4. 请仔细阅读各种题目的回答要求，在规定的位置填写您的答案。
5. 不要在试卷上乱写乱画，不要在标封区填写无关的内容。

	一	二	总 分
得 分			

得 分	
评分人	

一、单项选择题（第1题～第160题。请将正确答案的序号填在括号内。每题0.5分，总计80分）

1. 下列选项中，属于办事公道的是（　　）。
   A. 顾全大局，一切听从上级指示　　B. 大公无私，拒绝亲戚求助

C. 知人善任，努力培养知己　　D. 原则至上，不计个人得失

2. 全面企业管理是指对（　　）进行全方位管理。
A. 员工　　　　B. 企业　　　　C. 部门　　　　D. 设备

3. 无论位置公差基准代号的方向如何，其字母必须（　　）填写。
A. 水平　　　　B. 垂直　　　　C. 水平或垂直　　D. 任意

4. 配合是指（　　）相同的、相互结合的孔和轴公差带之间的关系。
A. 公称尺寸　　B. 实际尺寸　　C. 极限尺寸　　D. 作用尺寸

5. 金属材料能够拉拔成线或能够轧成板的性能称为（　　）。
A. 切削性　　　B. 延展性　　　C. 耐磨性　　　D. 渗透性

6. 活塞销孔和连杆铜套的铰削余量一般在（　　）mm 范围内。
A. 0.03~0.10　　　　　　　B. 0.10~0.20
C. 0.20~0.35　　　　　　　D. 0.35~0.50

7. 发电机定子绕组有一相连接不良或断开将会导致（　　）。
A. 发电机过热　　　　　　B. 充电电流不稳
C. 充电电流过大　　　　　D. 充电电流过小

8. 发光二极管的工作电流一般在（　　）之间。
A. 几毫安至十几毫安　　　B. 十几毫安至几十毫安
C. 几十毫安至几百毫安　　D. 几百毫安至几千毫安

9. 铁磁性物质的相对磁导率（　　）。
A. $\mu > 1$　　B. $\mu < 1$　　C. $\mu \gg 1$　　D. $\mu \ll 1$

10. 若发电机充电电流过大，应检查（　　）。
A. 风扇传动带有无松弛打滑现象　　B. 蓄电池电解液浓度是否过浓
C. 电刷与集电环接触情况　　　　　D. 调节器触点是否烧蚀

11. 磁通势的单位为（　　）。
A. Ω　　　　　B. A　　　　　C. H　　　　　D. Wb

12. 使用台虎钳时，只允许依靠手的力量扳动手柄，（　　）用锤子敲击或套上管子扳动手柄。
A. 允许　　　　B. 可以　　　　C. 必须　　　　D. 不能

13. 三相绕组的 3 个空间位置间隔（　　）。
A. 30°　　　　B. 60°　　　　C. 90°　　　　D. 120°

14. 通常集电极反向击穿电压应大于电源电压的（　　）倍。
A. 1~1.5　　　B. 1.5~2　　　C. 2~2.5　　　D. 2.5~3

15. NPN 型晶体管包含（　　）个 PN 结。
A. 1　　　　　B. 2　　　　　C. 3　　　　　D. 4

16. 50 Hz 的交流电，其周期 T 和角频率 ω 分别为（　　）。
    A. 0.02s 314 rad/s　　　　　　　B. 50s 3.14 rad/s
    C. 0.02s 3.14 rad/s　　　　　　 D. 50s 314 rad/s

17. 1kW·h 电可供 1 只 "220V、25 W" 的灯泡正常发光（　　）h。
    A. 20　　　　B. 25　　　　C. 40　　　　D. 45

18. 利用 CQ—1A 型曲轴箱窜气量测量仪测量发动机曲轴箱窜气量时，要求曲轴箱（　　）密封。
    A. 各部　　　　B. 不需　　　　C. 重要几处　　　　D. 两端

19. 转向系统的作用是实现汽车（　　）的改变和保持汽车稳定的行驶路线。
    A. 速度　　　　B. 动力　　　　C. 行驶方向　　　　D. 加速度

20. 上海桑塔纳发动机火花塞间隙调整好后，其间隙应在（　　）mm 之间。
    A. 0.5~0.7　　　　　　　　B. 0.8~1.3
    C. 0.7~0.9　　　　　　　　D. 1.0~1.5

21. 为使汽油发动机活塞到达上止点时，混合气已充分燃烧以便发出最大功率，应使火花塞在活塞到达（　　）跳火。
    A. 上止点前　　　　　　　　B. 上止点时
    C. 上止点后　　　　　　　　D. 中间位置

22. 上海桑塔纳 JV 发动机的飞轮与曲轴装合后，应在动平衡机上进行动平衡试验，所允许的不平衡量为（　　）g·cm。
    A. 100　　　　B. 50　　　　C. 150　　　　D. 10

23. 汽车万向传动装置的十字轴万向节主要由十字轴、万向节叉和（　　）组成。
    A. 套筒　　　　B. 滚针　　　　C. 套筒和滚针　　　　D. 双联叉

24. 汽车应用的非独立悬架，广泛采用（　　）作为弹性元件。
    A. 螺旋弹簧　　　B. 钢板弹簧　　　C. 减振器　　　D. 扭杆弹簧

25. 东风 EQ1092 型汽车变速器所有滑动齿轮均为（　　）。
    A. 直齿轮　　　B. 斜齿轮　　　C. 锥齿轮　　　D. 花键齿轮

26. 在铆合汽车离合器摩擦片与钢片时，一般一个铆钉只铆合一片摩擦片，铆钉应（　　）排列。
    A. 顺序　　　　B. 成圈　　　　C. 任意　　　　D. 交错

27. 安装 CA1092 型汽车转向器摇臂时，应转动转向螺杆，使转向器处于（　　）啮合位置。
    A. 一端　　　　B. 中间　　　　C. 2/3 处　　　　D. 任何

28. 更换的汽车离合器新摩擦片，各片厚度差不得超过（　　）mm。
    A. 0.1　　　　B. 0.7　　　　C. 1.0　　　　D. 0.5

29. 安装 EQ1092 型变速器中间轴总成时，应使（　　）档齿轮的长毂朝前。
A. 二　四　　　　　　　　　B. 二　三
C. 三　常啮合　　　　　　　D. 三　四

30. 对于 6 缸发动机，工作顺序为 1→5→3→6→2→4，可采用两次调整法调气门间隙，当 6 缸位于压缩行程上止点时，应调整（　　）。
A. 3、6 缸的进、排气门　　　B. 6、4 缸的进、排气门
C. 2、5 缸的进、排气门　　　D. 2、4 缸的进、排气门

31. EQ1092 型汽车变速器中的同步器形式为（　　）结构。
A. 惯性锁销式　　　　　　　B. 惯性锁环式
C. 自动增力式　　　　　　　D. 惯性锁销式和惯性锁环式

32. 制动系统可使汽车在（　　）的距离内停车。
A. 最短　　　B. 较短　　　C. 最长　　　D. 较长

33. EQ1092 型汽车的车轮制动器为（　　）式制动器。
A. 单向助势平衡　　　　　　B. 双向助势平衡
C. 凸轮　　　　　　　　　　D. 自动增力

34. 柴油机通过（　　）将柴油喷入燃烧室。
A. 喷油器　　B. 喷油泵　　C. 输油泵　　D. 油管

35. 多数发动机进气门的头部直径做得比排气门的直径要（　　）。
A. 大　　　　B. 小　　　　C. 相等　　　D. 以上都不对

36. 发动机水冷式机油散热器的安装位置一般是（　　）。
A. 串联在机油粗滤器前　　　B. 并联在机油粗滤器前
C. 串联在机油细滤器前　　　D. 并联在机油细滤器前

37. 四冲程发动机 1 个循环，曲轴旋转 2 周，凸轮轴旋转（　　）。
A. 2 周　　　B. 半周　　　C. 1 周　　　D. 4 周

38. 在检测排放前，应调整好汽油发动机的（　　）。
A. 急速　　　　　　　　　　B. 点火正时
C. 供油　　　　　　　　　　D. 急速和点火正时

39. CA1092 型汽车的车架类型属于（　　）。
A. 中梁式　　B. 边梁式　　C. 综合式　　D. 无梁式

40. 在电喷发动机中，电动汽油泵由（　　）控制。
A. 起动继电器　　　　　　　B. 油泵继电器
C. 燃油压力调节器　　　　　D. 缓冲器

41. 解放 CA6102 型发动机，采用（　　）燃烧室。
A. 盆形　　　B. 楔形　　　C. 半球形　　D. 双球形

42. 快放阀的作用是迅速排放汽车（　　）中的压缩空气。

A. 制动气室 B. 储气筒
C. 管路中 D. 控制阀

43. 汽车双向作用筒式减振器，（　　）。
A. 其伸张行程阻力大，压缩行程阻力小
B. 其伸张行程阻力小，压缩行程阻力大
C. 其伸张行程和压缩行程阻力相等
D. 其伸张行程和压缩行程阻力不变

44. 称为汽油发动机经济混合气的是（　　）。
A. 理论混合气 B. 稍稀混合气
C. 过稀混合气 D. 稍浓混合气

45. （　　）回路可使工作部件在运动过程中的某一位置上停留一段时间保持不动。
A. 换向　　B. 顺序　　C. 锁紧　　D. 减压

46. 节流阀属于（　　）。
A. 压力阀　B. 流量阀　C. 方向阀　D. 液压辅件

47. 汽车变速器（　　）装置用于防止驾驶人误挂倒档。
A. 自锁　　B. 互锁　　C. 倒档锁　D. 中央锁

48. 蜗杆指销式汽车转向器的传动副是（　　）。
A. 轴承与壳体 B. 调整螺塞与壳体
C. 摇臂轴与壳体 D. 蜗杆和指销

49. （　　）平衡机按动平衡原理工作。
A. 就车式　B. 离车式　C. 液压式　D. A或B

50. 汽车上，（　　）不编制线束。
A. 高压线 B. 导线
C. 发动机上的线 D. 仪表束

51. CA1092型和EQ1092型汽车发电机电刷磨损量应不超过公称尺寸的（　　）。
A. 1/4　　B. 1/2　　C. 1/3　　D. 3/4

52. 将充足电的新蓄电池在电解液温度为25℃条件下，以放电时间为20h时的放电电流连续放电至单格电池平均电压降到（　　）V时，输出的电量为额定电量。
A. 1.75　　B. 2.7　　C. 1.85　　D. 2.0

53. 在汽车行驶时，充电指示灯由灭变亮，这说明（　　）。
A. 发电机处于他励状态 B. 发电机处于自励状态
C. 充电系统有故障 D. 发电机正常工作

54. 汽车用正向二极管的引出端为（　　）。
A. 正极　　　　　　　　　　B. 负极
C. 可能是正极，也可能是负极　　D. 以上说法都不正确

55. 汽油机分电器轴向间隙不得大于（　　）mm。
A. 0.25　　　B. 0.50　　　C. 0.75　　　D. 25

56. 企业生产经营活动中，要求员工遵纪守法是（　　）。
A. 约束人的体现　　　　　　B. 由经济活动决定的
C. 人为的规定　　　　　　　D. 追求利益的体现

57. 下列关于勤劳节俭的论述中，正确的选项是（　　）。
A. 勤劳是人生致富的充分条件　　B. 节俭是企业持续发展的必要条件
C. 勤劳不如巧干　　　　　　　　D. 节俭不如创造

58. 为了促进企业的规范化发展，需要发挥企业文化的（　　）功能。
A. 娱乐　　　B. 主导　　　C. 决策　　　D. 自律

59. 1L 油可污染（　　）L 纯净水。
A. 100　　　B. 1000　　　C. 10000　　　D. 100000

60. 空气滤清器的滤网堵塞，会加大汽车的（　　）排放量。
A. CO　　　B. HC　　　C. NO　　　D. CO 和 HC

61. 汽车一、二级维护作业是依据（　　）的有关规定来确定的。
A. 汽车维修企业　　　　　　B. 车辆使用说明书
C. 市级以上交通行政主管部门　　D. 汽车运输企业

62. 上海桑塔纳 LX 轿车二级维护竣工检验时，其发动机无负荷，功率应不小于额定值的（　　）。
A. 70%　　　B. 80%　　　C. 90%　　　D. 60%

63. 汽车二级维护后且竣工检验合格，应由（　　）填写"汽车维护竣工出厂合格证"。
A. 驾驶人　　　　　　　　　B. 工人
C. 车辆管理部门　　　　　　D. 维修企业

64. 发动机分电器固定螺钉松动，会引起（　　）。
A. 点火时间过早　　　　　　B. 点火错乱
C. 点火时间过迟　　　　　　D. 不点火

65. 适当推迟汽油机点火时间，可使（　　）在排气过程中燃烧掉。
A. CO　　　B. HC　　　C. NO_x　　　D. 炭烟

66. 影响发动机点火高压的因素是（　　）。
A. 发动机的气缸数　　　　　B. 进气量
C. 喷油量　　　　　　　　　D. 进气量和喷油量

67. 常用气缸修理尺寸为（　　）mm。

　　A. 2.00　　　　B. 0.20　　　　C. 0.50　　　　D .2.50

68. 解放 CA1092 型汽车离合器踏板自由行程规定在（　　）mm 范围内。

　　A. 35~45　　　B. 30~40　　　C. 15~20　　　D. 20~25

69. 拆装发动机火花塞应用（　　）。

　　A. 火花塞套筒　　　　　　　B. 套筒

　　C. 呆扳手　　　　　　　　　D. 梅花扳手

70. 浸洗、喷洗和浸喷复合洗属于（　　）。

　　A. 干洗　　　　　　　　　　B. 湿洗

　　C. 混合洗　　　　　　　　　D. 以上都不是

71. 汽车转向过程中，两半轴以（　　）转速旋转。

　　A. 不同　　　　B. 相同　　　　C. 较大　　　　D. 较小

72. 发动机曲轴轴颈的圆度、圆柱度误差应不大于（　　）mm。

　　A. 0.5　　　　　B. 0.001　　　C. 0.05　　　　D. 0.005

73. 若汽车行驶有异响，而空档滑行时异响减轻或消失，这说明（　　）。

　　A. 减速器轴承、差速器轴承松旷

　　B. 半轴齿轮花键与半轴花键配合松旷

　　C. 主、从动锥齿轮损伤或啮合间隙过大

　　D. 润滑油量不足

74. 离合器分离不彻底所引起的现象为（　　）。

　　A. 汽车行驶中加速时，车速不能随发动机转速提高而增加

　　B. 汽车起步时，离合器接合不平稳而使车身发生振抖

　　C. 变速时挂档困难或挂不上档

　　D. 汽车不能起步

75. 发动机急速运转，将变速杆挂入低速档，慢慢放松离合器踏板起步，这时若车身有明显的振抖，并发出"哐当"的撞击声，这说明（　　）。

　　A. 离合器打滑　　　　　　　B. 离合器异响

　　C. 离合器发抖　　　　　　　D. 离合器分离不彻底

76. 变速器叉轴自锁装置失效，将会导致（　　）。

　　A. 变速器跳档　　　　　　　B. 变速器乱档

　　C. 变速器异响　　　　　　　D. 变速器漏油

77. 穿过线圈的磁通量发生变化时，线圈就会产生感应电动势，其大小与（　　）成正比。

　　A. 磁通量　　　　　　　　　B. 磁通量的变化量

　　C. 磁感应强度　　　　　　　D. 磁通量的变化率

78. 百分表短针的读数，每格为（　　）mm。
   A. 0.1　　　　B. 0.2　　　　C. 0.5　　　　D. 1
79. 下列仪器中，（　　）能配合 CQ—1A 曲轴箱窜气量测量仪、CX 型工业纤维内窥镜和气缸压力表来诊断发动机气缸、活塞组的故障。
   A. RZJ—2 型润滑油质量分析仪　　　B. QLY—1 型气缸漏气量检测仪
   C. 真空表　　　　　　　　　　　　D. 示波仪
80. EQ1092 型汽车离合器传动钢片的主要作用是（　　）。
   A. 将离合器盖的动力传给压盘　　　B. 将压盘动力传给离合器盖
   C. 固定离合器盖和压盘　　　　　　D. 连接离合器盖和膜片弹簧
81. 常用的台虎钳规格为（　　）。
   A. 0~25mm　　B. 25~50mm　　C. 100~150mm　　D. 200~250mm
82. 台钻（　　）扩孔和钻孔。
   A. 适用于　　　　　　　　　　　　B. 不适用于
   C. 可随便　　　　　　　　　　　　D. 特殊情况适用于
83. 砂轮机砂轮旋转方向应正确，磨屑应向（　　）飞离砂轮。
   A. 上方　　　　B. 左方　　　　C. 右方　　　　D. 下方
84. 工件快要锯断时，（　　）用大力锯割。
   A. 马上　　　　B. 要　　　　　C. 不要　　　　D. 必须
85. 固定式丝锥宜攻（　　）以下的螺孔。
   A. M5　　　　　B. M10　　　　C. M15　　　　D. M20
86. 在钢料上套螺纹时，一般（　　）机油润滑。
   A. 用　　　　　B. 不用　　　　C. 避免　　　　D. 防止
87. 使用千分尺测量前（　　）校正零位。
   A. 必须　　　　B. 不必　　　　C. 避免　　　　D. 不用
88. 中碳钢的碳含量（质量分数）是（　　）。
   A. 0%~0.25%　　　　　　　　　　B. 0.25%~0.50%
   C. 0.25%~0.60%　　　　　　　　　D. 0.25%~0.70%
89. 国产柴油的牌号是按（　　）来划分的。
   A. 闪点　　　　B. 黏度　　　　C. 凝点　　　　D. 馏程
90. 负荷较大、速度较低的摩擦机件，应选用针入度（　　）的润滑脂。
   A. 较小　　　　B. 较大　　　　C. 稍大　　　　D. 最大
91. 国产汽车类别代号第一位数字是 2，它代表（　　）车
   A. 载货汽车　　B. 客车　　　　C. 轿车　　　　D. 越野车
92. 汽车电气设备由（　　）两大部分组成。
   A. 起动系统，点火系统　　　　　　B. 空调，信号

C. 电源，用电设备　　　　　　　　D. 蓄电池，发动机
93. 柴油机混合气形成装置是（　　）。
A. 化油器　　　B. 喷油器　　　C. 喷油泵　　　D. 燃烧室
94. 冷却系统包括（　　）、水泵、风扇、节温器和冷却液温度表等主要部件。
A. 油泵　　　B. 喷水器　　　C. 散热器　　　D. 集滤器
95. 冷却系统（　　）的作用是控制流经散热器的冷却液量。
A. 水泵　　　B. 水套　　　C. 节温器　　　D. 分水管
96. 汽车上装有离合器，能使汽车（　　），便于齿轮变速器（　　）。
A. 换档，平稳起步　　　　　　　　B. 换档，乱档
C. 平稳起步，换档　　　　　　　　D. 跳档，乱档
97. 一般汽车的变速器与驱动桥之间相距较远，故采用（　　）连接，实现扭矩的传递。
A. 齿轮装置　　　B. 连杆装置　　　C. 万向传动装置　　　D. 传动带传动
98. 转向桥两端的转向节分别用（　　）同前桥活动连接。
A. 齿轮　　　B. 传动带　　　C. 花键　　　D. 主销
99. 在汽车行驶时，桥壳承受由（　　）传来的路面反作用力。
A. 车架　　　B. 车身　　　C. 车轮　　　D. 离合器
100. 非独立悬架两侧车轮由一根整体式车桥相连，车轮和车桥一起通过弹性元件连接在（　　）下面。
A. 万向节　　　B. 传动系统　　　C. 车架　　　D. 传动轴
101. 前轮安装在车桥上时，其旋转平面上方略向（　　）倾斜，这种现象叫作前轮外倾。
A. 后　　　B. 前　　　C. 外　　　D. 内
102. 循环球式转向器由螺杆螺母和（　　）两对传动副组成。
A. 螺杆滚轮　　　　　　　　B. 蜗杆滚轮
C. 齿条齿扇　　　　　　　　D. 曲柄指销
103. 转向传动机构可以将（　　）输出的力传给转向轮。
A. 转向盘　　　B. 转向器　　　C. 转向节　　　D. 梯形臂
104. 鼓式制动器制动底板紧固在前桥（　　）上（或者后桥驱动桥壳上）。
A. 钢板弹簧　　　B. 半轴　　　C. 主销　　　D. 转向节
105. 鼓式制动器的（　　）与轮毂相连接。
A. 制动钳　　　B. 制动盘　　　C. 制动块　　　D. 制动轮缸
106. 鼓式制动器的制动鼓，其（　　）是摩擦面，靠摩擦力使汽车减速。
A. 外圆面　　　B. 内圆面　　　C. 两侧面　　　D. 一侧面
107. 驻车制动器和车轮制动器处于一体，制动力作用在（　　）。

A. 车轮　　　　B. 转向器　　　　C. 车桥　　　　D. 悬架

108. 液压制动总泵由泵缸体、活塞、（　　）、皮碗、回位弹簧、出油阀、回油阀等组成。

A. 分泵　　　　B. 推杆　　　　C. 挺杆　　　　D. 循环球

109. 驾驶人只需按不同的制动强度要求，控制（　　）行程，便可控制制动气压的大小来获得所需要的制动力。

A. 离合器踏板　　B. 制动踏板　　C. 加速踏板　　D. 电门开关

110. 当发动机起动时，（　　）向起动机供电。

A. 发电机　　　　B. 压缩机　　　　C. 蓄电池　　　　D. 分电器

111. （　　）发电机由三相同步交流发电机和硅整流器两大部分组成。

A. 硅整流　　　　B. 硅直流　　　　C. 交直流　　　　D. 大功率

112. 东风EQ1090系列汽车使用的FT61型调节器是（　　）触点式。

A. 单　　　　B. 三　　　　C. 双　　　　D. 四

113. 起动机的直流串励式电动机主要由（　　）、磁极、端盖、机壳、电刷、刷架组成。

A. 电阻　　　　B. 电容　　　　C. 电枢　　　　D 调节器

114. 汽车发动机靠（　　）起动。

A. 发电机　　　　B. 调节器　　　　C. 分电器　　　　D. 起动机

115. 给桑塔纳2000型轿车安装转向盘时，车轮应处于直线行驶位置，（　　）应处在中间位置。

A. 转向柱　　　　B. 转向器　　　　C. 转向灯开关　　　　D. 转向桥

116. （　　）的任务是把低压电变为高压电。

A. 电容　　　　B. 附加电阻　　　　C. 点火线圈　　　　D. 火花塞

117. 点火系统附加电阻串联在（　　）电路中，其阻值随温度增高而增大。

A. 高压　　　　B. 低压　　　　C. 超高压　　　　D. 零压

118. 点火线圈产生的高压电流送至火花塞电极时，击穿间隙而产生（　　），点燃混合气。

A. 电流　　　　B. 电压　　　　C. 电火花　　　　D. 电感

119. 汽车定期维护分为（　　）维护、一级维护和二级维护。

A. 走合　　　　B. 季节　　　　C. 特级　　　　D. 日常

120. 走合维护时，要严格（　　）行驶，尽量避免紧急制动。

A. 超速　　　　B. 限速　　　　C. 超载　　　　D. 满载

121. 日常维护途中停车时，要检视轮胎外表、（　　），及时清除轮胎花纹中的杂物。

A. 异味　　　　B. 气压　　　　C. 裂纹　　　　D. 温度

122. 一级维护除（　　）维护作业外，以清洁、紧固、润滑为中心内容。
A. 季节　　　　B. 二级　　　　C. 日常　　　　D. 调整

123. 一级维护后，汽车各部应无（　　）、异响。
A. 声音　　　　B. 反应　　　　C. 松动　　　　D. 响应

124. 二级维护作业范围除一级维护作业外，以检查（　　）为中心内容。
A. 紧固　　　　B. 润滑　　　　C. 调整　　　　D. 清洁

125. 离合器从动盘摩擦片出现龟裂、铆钉松动及磨损不均等现象就（　　）摩擦片。
A. 继续使用　　B. 允许保留　　C. 继续修理　　D. 必须更换

126. 更换离合器从动盘摩擦片时，应（　　）更换，衬片厚度应一致。
A. 单片　　　　B. 成对　　　　C. 三片　　　　D. 四片

127. 变速叉轴轴颈磨损（　　）0.15mm，应予以更换。
A. 超过　　　　B. 未超过　　　C. 小于　　　　D. 不到

128. 变速器壳体和盖、螺纹损伤（　　）2牙时，应采用扩孔攻螺纹或堆焊后重新加工等方法修复。
A. 小于　　　　B.1牙至　　　C. 超过　　　　D. 未超过

129. 装配变速器前，所有零件必须（　　）清洁。
A. 合格　　　　B. 磨损　　　　C. 磕碰　　　　D. 变形

130. 装配转向器前，精密件（　　）用碱水清洗。
A. 可以　　　　B. 不要　　　　C. 必须　　　　D. 随便

131. 钳盘式车轮制动器摩擦片安装顺序与拆卸时（　　）。
A. 相同　　　　B. 相反　　　　C. 随便　　　　D. 无所谓

132. 活塞环装入活塞环槽之后，擦净气缸，在（　　）上涂一层干净的发动机机油，用专用工具卡住活塞环，将活塞连杆组装入各个气缸。
A. 活塞销　　　B. 曲轴　　　　C. 活塞环　　　D. 连杆

133. 有人说，滚动轴承内圈同机件的配合是基轴制，你认为对不对？（　　）
A. 对　　　　　B. 无所谓　　　C. 错　　　　　D. 完全正确

134. ⌀这个形状公差代号表示的是（　　）
A. 同轴度　　　B. 平行度　　　C. 圆柱度　　　D. 圆度

135. 零件图由一组图形、完整的尺寸、技术要求和（　　）四部分组成。
A. 比例　　　　B. 数量　　　　C. 标题栏　　　D. 表面处理

136. 若导体是闭合电路的一部分，当导体相对于磁场运动而切割磁力线，在导体中将产生电流，这种现象叫（　　）。
A. 动磁生电　　B. 电磁感应　　C. 发电　　　　D. 放电

137. 正弦交流电的三要素是最大值、（　　）和初相角。

A. 功　　　　　B. 能　　　　　C. 频率　　　　D. 热

138. 由（　　）所做的功，简称电功。

A. 热　　　　　B. 焓　　　　　C. 熵　　　　　D. 电流

139. 电阻器在电路中用来控制（　　），分配电压。

A. 电压　　　　B. 电感　　　　C. 电流　　　　D. 电动势

140. （　　）用金属物去关闸，以防触电。

A. 可以　　　　B. 随便　　　　C. 不准　　　　D. 偶尔

141. 汽车后桥壳上的钢板弹簧中定位孔磨损偏移量不得超过（　　）mm。

A. 1　　　　　B. 2　　　　　C. 3　　　　　D. 5

142. 上置式配气机构曲轴到凸轮轴传动可通过（　　）来实现。

A. 齿轮　　　　B. 链条　　　　C. 同步带　　　D. 链条或同步带

143. 热车起动困难的主要原因是（　　）。

A. 供油不足　　B. 火花塞有故障　C. 点火过早　　D. 混合气过浓

144. 蜡式节温器中，使用阀门开闭的部件是（　　）。

A. 弹簧　　　　B. 石蜡感应体　　C. 支架　　　　D. 壳体

145. 与传统化油器发动机相比，装有电控燃油喷射系统的发动机功率可提高（　　）。

A. 5%~10%　　B. 10%~15%　　C. 15%~20%　　D. 20%

146. 发动机相邻两高压分线插错，将会造成（　　）。

A. 动力不足　　B. 起动困难　　C. 不能起动　　D. 运转不稳

147. 汽油发动机不能起动，检查电路，打开开关，电流表指示 3~5A 而不做间歇摆动，则可能是（　　）。

A. 分电器各接头接触不实　　　　B. 高压电路故障
C. 高压导线故障　　　　　　　　D. 点火线圈断路

148. 喷油器由喷油头、喷油器体和（　　）三大部分组成。

A. 针阀偶件　　B. 高压油腔　　C. 调压装置　　D. 进油管路

149. 交流发电机单相桥式硅整流器每个二极管在一个周期内的导通时间为（　　）周期。

A. 1/2　　　　B. 1/3　　　　C. 1/4　　　　D. 1/6

150. 差速器具有转矩平均分配的特点，因此，当左轮打滑时，右轮获得的转矩（　　）。

A. 大于左轮转矩　　　　　　　　B. 小于左轮转矩
C. 等于左轮转矩　　　　　　　　D. 等于零

151. 发动机气门座圈与座圈孔应为（　　）。

A. 过渡配合　　B. 过盈配合　　C. 间隙配合　　D. 以上均可

152. 用塞尺和量角器测量活塞环的漏光度，其开口处左右对应的圆心角在（   ）范围内不允许漏光。
   A. 25°　　　　　B. 30°　　　　　C. 45°　　　　　D. 50°
153. 轿车的轮辋一般是（   ）。
   A. 深式　　　　　B. 平式　　　　　C. 可拆式　　　　　D. 圆形式
154. 起动机电磁开关吸引线圈的电阻值应为（   ）Ω。
   A. 1.5~2.6　　　B. 1.6~2.6　　　C. 2.6~2.7　　　D. 2.7~2.9
155. 汽车发电机绕组应用（   ）。
   A. 汽油浸洗　　　B. 柴油浸洗　　　C. 煤油浸洗　　　D. 干净的布擦净
156. 我国劳动法规定，建立劳动关系应当订立（   ）。
   A. 契约　　　　　B. 劳动合同　　　C. 公证书　　　　D. 约定
157. （   ）不是铁碳合金的基本组织。
   A. 铁素体　　　　B. 渗碳体　　　　C. 奥氏体　　　　D. 布氏体
158. （   ）能造成人的结膜、口腔黏膜等肿胀及充血。
   A. CO　　　　　B. HC　　　　　C. NO_x　　　　D. 炭烟
159. 汽车轮胎换位应在（   ）时进行。
   A. 日常维护　　　B. 一级维护　　　C. 二级维护　　　D. 季节性维护
160. 经济性指产品（   ）。
   A. 可靠性
   B. 寿命
   C. 周期费用
   D. 寿命周期总费用

得　分	
评分人	

二．判断题（第161题～第200题。将判断结果填入括号中，正确的填"√"，错误的填"×"。每题0.5分，满分20分）

（　　）161. 根据当地冬季的最低气温选用适当冰点牌号的冷却液，冰点至少应低于最低气温5℃。

（　　）162. 汽车上可以使用机床或航空用机油。

（　　）163. 柴油的十六烷值越高越好。

（　　）164. 发动机润滑系统的功用是润滑。

（　　）165. 三视图包括主视图、俯视图和左视图。

（　　）166. 常用的图样有立体图和视图两种。

（　　）167. 功率增益表示放大器放大信号功率的能力。

（　　）168. 驻车制动装置用于汽车行驶时减速或停车。

（　　）169. 变速叉及导块止动螺钉拧紧后，要用钢丝锁线分别将止动螺钉锁紧在叉轴上。

（　　）170. 汽车行车制动器又称手制动器。

（　　）171. 拆卸循环球式转向器螺杆螺母时，两循环滚道中的钢球应分别放置。

（　　）172. 方向阀分为单向阀和换向阀两种。

（　　）173. 冷却系统的功用是使发动机温度最低。

（　　）174. 汽车的蓄电池与发电机串联。

（　　）175. 电控发动机空气流量计是测量发动机进气量的装置。

（　　）176. 加在负载上的电压减小一半时，电流所做的功也将减小一半。

（　　）177. 搬动蓄电池时，不可歪斜。

（　　）178. 在汽车发动机运转的大部分时间里，起动机向蓄电池充电。

（　　）179. CPU 具有逻辑判断功能。

（　　）180. 装配 CA1092 型汽车同步器总成时，当定位块推入推块的孔中时，应用螺钉旋具将同步器弹簧压下。

（　　）181. 石棉摩擦片具有硬度高、摩擦系数大、耐高温、耐冲击和耐磨耗等特点。

（　　）182. 汽油的辛烷值越高，汽油的牌号越低。

（　　）183. 活塞由一个止点到另一个止点运动一次的过程，称为一个行程。

（　　）184. 配气机构由气门组、凸轮轴、气门传动组组成。

（　　）185. 汽油机燃料供给系统可以将汽油和空气按一定的比例，配制成可燃混合气供给各气缸。

（　　）186. 发动机润滑系统由集滤器、机油泵、滤清器、限压阀、管路、机油表、油标尺等组成。

（　　）187. 发动机润滑系统可以强制机油喷溅或流经运动零件表面。

（　　）188. 变速器由齿轮传动机构和操纵机构两大部分组成。

（　　）189. 变速器可根据不同道路情况，变更驱动车轮的牵引力，使汽车得到所需要的速度。

（　　）190. 万向传动装置由万向节和传动轴组成。

（　　）191. 前轮定位不能使汽车保持转向轻便。

（　　）192. 转向系统可以根据汽车行驶的需要使汽车制动。

（　　）193. 转向传动机构是指转向盘至转向轮之间的一整套传动件。

（　　）194. 硅整流发电机装上调节器可使负载得到较为稳定的电压。

（　　）195. 发动机点火系统能把发电机输出的低压电流转换成高压电流。

（　　）196. 汽车维护是为了维持汽车完好技术状况或工作能力而进行的作业。

（　　）197. 日常维护能使汽车车容整洁。

（　　）198. 在拆卸离合器盖与飞轮的固定螺钉时，应注意交叉、均匀松开，防止盖子变形。

（　　）199. 在制图时，应尽量采用 1∶1 的比例。

（　　）200. 分子、分母同时扩大相同倍数，其值不变。

初级汽车维修工理论知识试卷参考答案

一、单项选择题

1. D	2. B	3. A	4. A	5. B	6. A	7. D	8. A
9. C	10. D	11. B	12. D	13. D	14. B	15. B	16. A
17. D	18. A	19. C	20. C	21. A	22. D	23. B	24. B
25. A	26. D	27. B	28. D	29. A	30. D	31. A	32. A
33. C	34. A	35. A	36. A	37. C	38. D	39. B	40. B
41. B	42. A	43. A	44. B	45. C	46. B	47. C	48. D
49. B	50. A	51. B	52. A	53. C	54. A	55. A	56. B
57. D	58. D	59. D	60. D	61. B	62. B	63. D	64. C
65. B	66. A	67. C	68. B	69. A	70. B	71. A	72. C
73. C	74. C	75. C	76. A	77. D	78. D	79. B	80. A
81. C	82. B	83. D	84. C	85. A	86. A	87. A	88. C
89. C	90. A	91. D	92. C	93. D	94. C	95. C	96. C
97. C	98. D	99. C	100. C	101. C	102. C	103. B	104. D
105. B	106. B	107. A	108. B	109. B	110. C	111. A	112. C
113. C	114. D	115. C	116. C	117. B	118. C	119. D	120. B
121. B	122. C	123. C	124. C	125. D	126. B	127. A	128. C
129. A	130. B	131. B	132. C	133. C	134. C	135. A	136. B
137. C	138. D	139. C	140. C	141. A	142. D	143. D	144. B
145. A	146. D	147. B	148. C	149. A	150. C	151. B	152. B
153. A	154. C	155. D	156. B	157. D	158. C	159. C	160. D

二、判断题

161. √	162. ×	163. ×	164. ×	165. √	166. √	167. √	168. ×
169. √	170. ×	171. √	172. √	173. ×	174. ×	175. √	176. ×
177. √	178. ×	179. √	180. √	181. √	182. ×	183. √	184. ×
185. √	186. √	187. √	188. √	189. √	190. √	191. ×	192. ×
193. ×	194. √	195. √	196. √	197. √	198. √	199. √	200. √

操作技能试卷

初级汽车维修工操作技能考核准备通知单

一、考场准备

1. 操作场地应光线充足,整洁无干扰,具有安全防火措施。
2. 操作场地应具有地沟和车辆举升机。
3. 考评员与考生比例为 1 ∶ 5。

二、车辆、设备、工量具、辅料准备

（一）维护

序号	名称	单位	数量
1	车辆或发动机	台	1
2	呆扳手	把	1
3	梅花扳手	把	1
4	活扳手	把	1
5	撬棍	把	1
6	棉纱	团	1

（二）修理

序号	名称	单位	数量
1	EQ6100 型发动机气缸盖	件	1
2	1m 钢直尺	把	1
3	塞尺	把	1
4	棉纱	团	1

初级汽车维修工操作技能考核试卷

考生姓名：_____   准考证号：_____   工作单位：_____

一、说明

1. 本试卷的编制命题是从实际出发，以可行性、技术性和通用性为原则。
2. 本试卷依据《中华人民共和国职业技能鉴定规范》编制。
3. 本试卷适用于考核初级汽车维修工。
4. 本试卷无地域限制。
5. 本试卷含维护、修理试题各一题。

二、试题

（一）维护

发电机传动带的检查与调整

考核要求：
1. 正确检查和判断发电机传动带的磨损程度和松紧度。
2. 正确调整发电机传动带的松紧度。
3. 调整后的传动带松紧度符合技术标准。

考核时间：20min。

（二）修理

EQ6100型发动机气缸盖的检修

考核要求：
1. 正确检验气缸盖下平面的平面度。
2. 正确修理气缸盖接合面。
3. 能够检查燃烧室容积。

考核时间：30min。

初级汽车维修工操作技能考核评分记录表（1）

考生姓名：_____   准考证号：_____   工作单位：_____

发电机传动带的检查与调整

序号	作业项目	考核内容及要求	配分	评分标准	考核记录	扣分	得分
1	劳动用品穿戴	劳保用品穿戴齐全	2分	穿戴不全不得分			
2	正确选用工具、量具、材料	选用工具、量具、材料齐全、准确	5分	缺一件扣1分，选错一件扣1分，扣完为止			
3	准备	检测前的准备	5分	准备不充分一次扣2.5分，2次扣5分 准备失误扣5分			
4	检查	检查传动带的磨损程度	10分	检查方法不正确扣5分 检查结果不正确扣5分			
		检查传动带的松紧度	10分	检查方法不正确扣5分 检查结果不正确扣5分			
5	调整	调整传动带的松紧度	30分	调整方法不正确扣20分 调整结果不正确扣10分			
6	复检	复检传动带的松紧度	10分	检查方法不正确扣5分 检查结果不正确扣5分 未检查扣10分			
7	正确使用工具、用具	工具、用具使用正确	10分	一种工具、用具使用不正确扣2分，扣完为止 损坏丢失一件工具、用具不得分			
8	操作规程	操作规程执行情况	15分	违反操作规程不得分			
9	清理现场	清理、擦洗并回收工具、用具	3分	少收一件工具、用具扣1分，扣完为止			
10	分数总计		100分				

否定项说明：出现重大安全事故按0分计

评分人：　　　　年　月　日　　　核分人：　　　　年　月　日

初级汽车维修工操作技能考核评分记录表（2）

考生姓名：_____ 准考证号：_____ 工作单位：_____

EQ6100 型发动机气缸盖的检修

序号	作业项目	考核内容及要求	配分	评分标准	考核记录	扣分	得分
1	检验气缸盖下平面和侧平面的平面度	检验气缸盖下平面的平面度	27.5 分	检验方法不正确扣 15 分 检验结果不正确扣 10 分			
		检验气缸盖侧平面的平面度	27.5 分	检验方法不正确扣 15 分 检验结果不正确扣 10 分			
2	修理气缸盖接合面（口述）	下平面及侧平面的修理	20 分	修理方法不正确扣 10 分 技术要求叙述错误扣 5 分			
3	检查调整燃烧室容积	燃烧室容积的检查	10 分	检查方法不正确扣 5 分 检查结果不正确扣 5 分			
		燃烧室容积的调整（口述）	10 分	调整方法不正确扣 5 分 技术要求叙述错误扣 5 分			
4	安全文明生产	遵守安全操作规程，正确使用工量具，操作现场整洁	5 分	不符合要求，每项扣 1 分，扣完为止			
5	分数总计		100 分				
否定项说明：出现重大安全事故按 0 分计							

技术标准：

1. 接合面的平面度误差不大于 0.10mm。
2. 修理后燃烧室容积不小于公称值的 95%。
3. 同一台发动机各缸燃烧室容积相差不大于平均值的 4%。

评分人：　　　　　年 月 日　　　核分人：　　　　　年 月 日